Y대 학생처장이 본

1980년대 학생민주화운동

정진위

연세대학교 대학출판문화원

머리말

세계 제2차 대전의 종전과 더불어 해방의 기쁨도 누리기 전에 한반도는 분단되었다. 이승만 정권 아래 민주화체제를 도입하였으나 궤도에 오르기도 전에 「6.25 전쟁」이 일어났다. 오랜 일제식민지와 전화로 대한민국은 세계에서 최빈국 중의 하나였다. 1960년 3.15부정선거는 국민의 분노를 불러일으켰다. 이 때 전국에서 고등학생과 대학생이 민주화를 부르짖으며 일어난 것이 「4.19 혁명」이었다.

1960년대, 박정희 군부정권이 들어서면서 강력한 산업화 경제개발정책으로 우리나라는 개발도상국 중에서 획기적인 경제발전을 이룩하였다. 그러나 국가주도 산업화 과정에서 부의 분배와 민주화가 제대로 이루어지지 않았다. 군부독재가 장기화되자 1970년대에 들어 국민의 민주화 열망은 비등해갔다.

1979년 「10.26 정변」으로 전두환 군부세력이 또다시 정권을 장악하게 되자, 전국에 민주화를 부르짖는 학생운동은 야화처럼 번져갔다. 신군부세력은 정권장악을 위한 준비를 갖추고, 1980년 5월 17일 「전국비상계엄」

을 선포하였다. 이로써 국민의 기대가 컸던 '서울의 봄'은 허망하게 끝났다. 이는 1980년「5월 광주민주항쟁」으로 이어졌다. 신군부세력의 유혈진압으로 발생한 엄청난 희생은 1980년대를 관류하면서 민주화운동에 원동력으로 작용하였다.

1987년 1월에 일어난 서울대 박종철 군의 고문치사사건과 그 사건의 축소·은폐 폭로,「4.13 호헌조치」, 그리고 연세대 이한열 군의 최루탄 희생은「6월 민주항쟁」의 기폭제가 되었다. 학생들은「6월 민주화운동」의 선봉대원으로 앞장섰다. 야당세력과 재야세력, 종교단체와 노동단체, 그리고 시민과 넥타이부대까지 포함한 민주화세력이 단결하여「6.29 선언」을 쟁취하였다. 한마디로 1960, 70년대가 우리나라의 산업화시대를 열었다면, 1980년대는 민주화시대가 시작된 것이다.「4.19 혁명」으로부터 27년 후「1987년 민주화체제」를 수립한 것이다.

2012년은「6월 민주항쟁」25주년 되는 해이다. 역사적으로 중요한 시기인 1980년대의 학생민주화운동을 조명해 본다는 것은 큰 의미가 있을 것으로 생각한다. 필자는 전국학생연합시위의 중심지였던 연세대학교에서 대학신문과 교육방송의 편집인으로 1년, 그리고 연이어 학생처장직을 4년간 역임하였다. 그 기간 중에 전국대학 학생처장협의회 회장을 2년간 겸임하였다. 학생운동의 목표와 주장, 조직형성과 투쟁양상, 그리고 그 과정에서 빚어진 정부와 학교와 학생운동단체들 간의 갈등 등을 현장에서 체험했다.

본 저서는 학생민주화운동을 이론적으로 정리했다기보다는, 그 때의 기억을 더듬고 자료들을 정리하여 기록으로 남기고자『Y대 학생처장이 본 1980년대 학생민주화운동』을 엮게 되었다. 이 책의 시기 설정은 필자의 학생처장 임기(1984~1988)를 중심으로 하였고, 지역적으로는 주로 연세대를 본거지로 하여 수도권 대학들에서 일어난 학생들의 민주화운동을 조명하였다. 지금까지 민주화운동 전반에 대하여 서술한 책은 여러 권 보았으나, 1980년대 학생들의 민주화운동을 중심으로 하여 별도의 단행본으로 쓴 책은 접하지 못하였다. 이점이 필자가 이 책을 쓰게 된 동기이다.

애석하게도 연세대는 1987년「6월 민주항쟁」때 제자 이한열 군을 잃었다. 1987년 7월 9일 서울시청 앞 광장에서 100만인파가 운집한 가운데 이한열 군의 운구행렬을 선두에서 지켜본 필자는 속으로 흐느꼈다. 이한열 군의 어머니가 필자의 손을 잡고 "「6.29 선언」이 한 달만 더 빨리나왔더라도 우리 한열이는 죽지 않았을 텐데…"하며 오열하던 모습이 아직도 뇌리에 생생하다. 연세대 100주년 기념관 로비에는 오늘도 이한열 군의 기념사진전이 열리고 있다.

「6월 민주항쟁!」 4반세기 전의 일이건만, 6월이 오면 백양로에 펄럭이는 걸개그림 '이한열이를 살려내라!'는 구호와 함께 아직도 필자에게는 「6월 민주항쟁」의 함성과 구급차의 사이렌소리가 들려오는 듯하다.

2013년 초봄

여의도 해송(海松)서재에서

정진위(鄭鎭渭)

목차

1 학원자율화와 민주화운동 (1980~84)

"학생처장 물러가라!"

아침 일찍 학생과장님의 안내를 받아 학생처로 첫 출근을 하게 되었다. 그런데 학생처에 300여 명의 학생들이 철야농성을 하고 있었다. 아직 총장님을 만나 뵐 시간도 없었고, 따라서 임명절차를 밟지도 못했다. 학생들이 필자를 보자 "학생징계 철회하라," "학생처장 물러가라!"를 외치며 나의 반응을 살피는 것이었다. 그때 덩치 큰 송영길(경영 4)이가 앞자리에 버티고 앉았다가 나를 보자마자 기다렸다는 듯이 '정진위 학생처장 물러가라!'를 학교가 떠나가게 외쳤다. 학생처 선생님들로부터 몇 마디 보고를 받았지만 황당하기 이를 데 없었다. 웃을 수밖에 없었다. 하도 어처구니가 없어서 껄껄 웃으며, '야아, 이 사람들아, 나는 아직 총장님으로부터 처장임명장도 받지 않았다. 물러가더라도 학생처장을 좀 해먹고 그만 두겠다!' 고 했더니 학생들이 일시에 '와아'하는 폭소를 터뜨렸다.

1984년 8월, 제주도에서 미국 UC버클리의 스칼라피노(Robert A. Scalapino) 교수를 비롯하여 세계적인 석학들이 참석한 가운데 국제학술회의가 열리고 있었다. 연세대학교에서는 8월 17일에 인사위원회를 열었고, 신규 인사발령은 8월 20일자, 필자가 국제학술회의차 제주도에 있을 때였다.

1984년 8월 중순부터 전국적으로 많은 비가 내렸고, 21일부터 태풍 홀리가 북상하여 제주도를 강타하였다. 호텔 맨 꼭대기 층에서 회의를 하는데 바람에 호텔지붕이 날아갈 것 같았다. 그 때 연세대 총장실에서 몇 번의 전화가 왔었는데, 필자가 학생처장에 임명되었으니 빨리 상경하여 학교로 와주기 바란다는 내용이었다. 학생들의 본관점령으로 학교가 매우 어려운 상황이라고 하였다.

학술회의가 끝나고 태풍이 가라앉자 마지막 비행기로 서울 김포공항에 도착하니 학생처 교직원이 기다리고 있었다. 학교에 도착하니 학생들 수십 명이 학교본관 총장실 앞 복도를 점령하고 있었다. 학처장님 몇 분과 학생처 교직원들과 대화를 나누며 잠시 머물다가 귀가했다.

필자가 학생처장으로 취임하기 직전, 연세대 학도호국단장 이성헌(체육교육 4)이 주도한 연세대 여름 청송(聽松)캠프사건(1984.8.6 ~10)이 있었다. 청송캠프는 연세대 교정에서 처음으로 개최된 전국규모의 연합집회로 학원가의 민주화운동 연합시위의 시작이었다. 전두환 정권은 긴장하기에 이르렀고, 관련학생 징계조치를 강력히 요구했다. 이 사건으로 이성헌 학도호국단 단장 등 3명이 무기정학 징계를 받았다.

그 다음날 아침에 학생과장님의 안내로 학생처에 들어서는데 일어난 광경이었다. 아직 안세희 총장님을 만나 뵙기도 전이었다. 그 당시 캠퍼스 내에는 '야, 물러가더라도 좀 해 먹고 물러가겠다'는 말이 유행어처럼 퍼졌다. 학생처장 임명장도 받기 전에 운동권학생들과 농담하며 폭소로 시작하였다고 유명해졌다.

그런 일이 있고 몇 달이 지난 후, 세브란스 병원에서 입원치료 중이신, 전 생활과학대학 최이순 학장님을 문안차 들렸더니 그분이 나를 보자 병상에서 일어나 앉으시면서 "정 처장, 그 거친 데모현장에서 학생처장을 그만 두더라도 좀 해 먹고 그만두겠다고 농담했다며!" 하시며 통쾌하게 웃으셨다. 그리고 병문안 차 뵈었는데 오히려 고생한다며 나의 손을 꼬옥 잡아주셨다.

1. 이념의 성장기와 학생민주화운동

대한민국의 학생민주화운동을 돌아보면 독립만세운동(1919. 3. 1)과 광주학생운동(1926. 11. 3)이 출발점에 서 있고, 1960년 3.15부정선거로 인한 「4·19 혁명」이 학생민주화운동사에 우뚝 솟아있다. 1964년 6월 3일 한일수교 반대투쟁, 1969년 3선 개헌 반대투쟁, 1970년 노동운동가 전태일 열사의 분신사건(1970. 11. 13), 1979년 부마민중항쟁(1979. 10. 16~10. 20)과 1980년 「5·18 광주민주화운동」을 거쳐 1987년 「6.29 선언」으로 학생민주화투쟁의 긴 노정이 일단락되었다. 지금 이 소제목에서는 1984년 학원자율화 조치 이전까지 지하조직체로 활동하였던 학생민주화운동을 간략하게 정리해 본다. 그 후부터는 시기별로 구분된 장 속에서 좀 더 자세히 서술하였다.

1979년 10월 26일 박정희 대통령의 서거이후 12.12 군사쿠데타, 1980년 5월 15일 '서울역 회군(回軍)'과 「5.17 전국비상계엄」으로 '서울의 봄'이 끝나고, 「5·18 광주민주화항쟁」으로 이어지면서 1980년대 민주화운동의 서막은 좌절로 마감되었다. 신군부가 정권을 장악하는 동안의 민주화

침체기(1980~1983.12.21)에는 학생운동이 지하서클로 지속되었다. 학생운동출신 노동운동가(학출)들이 노동현장에 위장 취업하여 야학활동을 펼쳤던 것도 이 시기였다. 학출들은 노동현장에서는 일을 배우고 익히는 학생이었고, 야학을 통하여 강의하면서 함께 공부하는 강학(講學)이었다. 이러한 학출들의 옮아감은 앞으로 노학연대 결성에 기초가 된다.

서울의 봄

'서울의 봄'이란 말은 세계2차 대전 이후, 소련의 통치 하에 있던 체코슬로바키아에서 일어난 민주화운동(1968.1.5~8.21)을 '프라하의 봄'이라 한 데서 따왔다. 서울의 봄은 유신체제가 막을 내린 1979년「10.26 사태」에서부터 전두환 신군부정권에 의해 1980년「5.17 전국비상계엄」이 선포되었던 사이의 시기를 말한다.

「10.26 사태」로 공백이 된 공화당 총재에 김종필씨가 선출되었고, 통일주체국민회의에서 최규하 권한대행이 제10대 대통령에 선출(1979. 12. 6)되었으며, 12월 7일에 긴급조치 9호를 해제하였다. 그리하여 그간 긴급조치 위반으로 감금되었던 68명의 재야인사들이 풀려났다. (『동아일보』, 1979.12.8) 연금에서 풀려난 김영삼은 총재권한을 되찾았고 김대중도 정치활동을 재개하였다. 3김을 위시하여 헌법개정, 정권교체, 그리고 계엄령 철폐를 요구하는 민주화 바람으로 '서울의 봄'은 들뜬 분위기였다. 그러나 최규하 과도정권이 학생들과 국민의 열망인 민주화일정을 지체하는 동안에 1979년「12.12 쿠데타」로 전두환과 노태우를 중심으로 한 신군부세력이 최규하 대통령의 승인 없이 계엄사령관(정승화 육군참모총장), 특수전투사령부사령관(정병주), 수도경비사령부사령관(장태완)을 체포하면서 정권장악을 위한 준비태세를 갖추었다.

최규하 대통령의 복권조치(1980. 2. 29)로 제적생들과 해직교수가 학원으로 복귀하였으며, 학도호국단 간부를 임명제에서 학생들의 선거로 선출하는 방안을 발표하였다. 학원에 민주화기류가 부활하자 학생들은 병영집체훈련 거부투쟁을 하기 시작하였고, 학내의 언론자유와 사복경찰의 학원 내 출입금지를 이슈로 들고 나왔다. 신군부세력이 정권장악을 추진할 때, 김영삼과 김대중은 1980년 3월 지구당 개편이 진행되는 과정 중에 양측 간의 충돌과 폭력사태로 수십 명이 중경상을 입는 사건이 벌어졌다.

1980년 5월, 학생민주화운동의 열기는 끓어오르기 시작했다. 5월 13일 고려대 학생회관 회의실에서 전국27개 대학 학도호국단 단장(총학생장)들이 '이제 우리들의 평화적인 교내시위는 끝났다. 교문을 박차고 나가 싸우자!' 고 결의하였고, 같은 날 연세대와 서강대 학생들이 주동이 되어 서울시내 6개 대학 학생 2,500여 명이 종로일대에서 가두시위를 벌였다. 5월 14일에는 시내 21개 대학생과 지방대 11개 대학생들이 가두진출하며 계엄해제를 외쳤다. 민주화일정을 재촉하는 시위가 비등할 수록 신군부세력은 극단의 처방을 내릴 기회를 면밀히 구상하고 있었다.

서울역 회군(回軍)

1980년 5월 15일, 서울역광장에서 10만 여명의 학생과 시민이 전두환사퇴와 계엄령해제를 외치며 맹렬한 시위를 하였다. 이때 서울의 18개 대학 총학생장단은 버스 안에서 앞으로의 계획을 논의하였다. 사전에 면밀한 투쟁협의도 없이 모인 집회가 의외로 엄청난 숫자였고, 민주화의 열망

또한 걷잡을 수 없을 정도로 끓어올라서 두려움을 느꼈다. 14일과 15일에 연달아 계속되는 시위였기에 체제정비의 필요성을 느꼈다. 그리하여 총학생장들은 진군과 회군을 두고 논쟁하였다. 서울대 학생운동 지도부는 이대로 진군하면 군부세력이 어떻게 대응할지 모르고, 또한 신군부세력이 이를 빌미로 삼아 군을 개입시킬지 모르니, 일단은 각 학교로 돌아가서 전열을 재정비하여 진군하자고 주장하였다.

한편 고려대학생회 측과 복학생운동계열은 회군을 반대했다. 아무런 대책도 없이 이 상태에서 해산하면 승산이 없으며, 앞으로 신군부가 어떻게 할지 모른다며 회군을 반대했다. '서울역 회군'을 두고는 학생운동권 진영에서는 찬반이 엇갈렸다. 전면투쟁을 원하는 학생그룹에서는 기존 학생운동체제의 소극적인 투쟁의지를 비판하였다. 신군부는 워낙 대규모의 학생시위라 고민하던 중에 스스로 회군하자 무혈쿠데타를 할 수 있는 절호의 기회를 놓치지 않았다.

전두환 보안사령관은 1980년 4월에 중앙 정보부장서리직까지 겸직함으로써 모든 정보기관을 장악하였다. 5월 초에는 시위진압 특별훈련을 완료하고, 전국비상계엄 선포만을 남겨둔 상태였다. 더 나아가 입법· 행정 등의 권력을 완전히 장학할 비상기구인 '국가보위비상대책위원회(국보위)'의 설치를 확정했다. 완벽한 집권계획을 완료한 상황이었다.

그러나 5월 14일과 15일에 민주화열기가 최고조에 달했을 때는 진압할 수 없을 정도로 규모가 커져버렸고, 최규하 대통령도 중동지역을 순방 중이었다. 그런데 5월 15일, 학생운동진영이 스스로 회군하자 학생들과 동조시위를 하였던 시민들도 밤이 깊어지면서 해산하였다. 이때를 놓칠 리 없는 신군부는 고심하든 끝에 북한의 남침설까지 조작하였고, 중동순방 중이었던 최규하 대통령을 급히 귀국하도록 종용하였다. 그리하여 5

월 16일 최규하 대통령이 귀국하자말자 전두환 보안사령관은 북한의 남침을 거론하며 '풍전등화'와 같은 위태로운 사태라며 강압적으로 전국계엄확대의 필요성을 강조하였다.

5월 15일, 신현확 국무총리는 서울대(고병익)총장·연세대(이우주)총장·고려대(김상협)총장·이화여대(정의숙)총장에게 학생들의 시위를 수습해달라고 당부하였다. 김옥길 문교부장관은 학생들이 자율화의 한계를 넘었다며 사태를 우려하였다. 이즈음 교수들의 민주화를 위한 시국선언문 발표가 줄을 이었다. 1980년 5월 7~10일 사이에 연세대교수 531명, 이화여대 교수 300여 명, 중앙대교수 250명, 동국대 교수 198명이 '계엄해제와 민주화를 위한 선언문'을 발표했다. 5월 12일에는 인하대 교수 140여 명과 고려대교수 236명이 시국선언문을, 그리고 5월 13일에는 부산대 교수 300여 명이 시국성명서를 발표하였다. (『한국 민주화운동사 3』, 돌베개, p. 71) 그리고 5월 15일에는 지식인 134인의 시국선언문이 나왔다. 그 내용 중에 "국토방위의 신성한 임무를 수행하고 있는 우리국군은 정치적으로 엄정중립을 지켜야한다. 그런데 한 사람이 국군보안사령관직과 중앙정보부장직을 겸직하고 있는 사실은 명백한 불법임으로 마땅히 시정되어야 한다"고 밝혔다.

5월 16일 전국 55개 대학 학생대표 백여 명은 이화여대에서 밤을 새며 연속회의를 통해 연합시위를 계획하고 있었다. 지방대학 대표와 서울소재 대학들의 대표들 간에 의견조율이 쉽지 않았다. 전국대학의 연합시위 날짜를 두고 의견이 달랐다. 보안사는 이화여대에서 열리고 있었던 전국학생대표단의 집회를 감청하고 있었다. 5월 17일 오후 6시경 무장경찰이 이화여대 회의장으로 출동하였을 때 미처 피신하지 못한 학생대표들은 연행되었다.

1980년 5월 17일 밤 9시30분에 개최된 비상 국무회의에서「비상계엄령 전국 확대」를 의결하였고, 밤 10시 경에 이미 주요정치인과 재야인사 그리고 핵심 학생운동지도부는 검거되기 시작하였다. 5월 17일 24시에 이희성 계엄사령관의 계엄포고 제10호 발령으로 정당 및 정치활동은 금지되었으며 국회는 해산되었다. 대학교는 휴교령, 언론보도 사전검열 강화, 집회 및 시위금지, 헌법에 대한 일체의 비판이나 반대논의 금지 등이 내려졌다. 비상계엄 확대 직전에 김영삼은 가택연금 되었다. 김대중은 내란음모·국기문란자로, 김종필은 권력형 부정축재자란 혐의로, 그 외에 주요정치인 26명과, 재야인사, 학생(복학생과 재학생 대표자) 등 2,699명을 불법체포 하였다. 이때 이미 공수여단은 각지로 배치돼 있었다. 이로써 '서울의 봄'은 끝나고, 민주화의 열기는「5·18 광주민주화운동」으로 옮겨갔다. 계엄령 전국 확대 소식을 알게 된 것은 5월 18일 아침 뉴스를 통해서였다.

「5·18 광주민주화운동」

전남 광주의 각 대학 학생운동진영은 유신반대투쟁으로 구속되었던 제적생과 해직교수들이 학원으로 돌아오면서 1980년 3월부터 민주화 열기는 뜨겁게 달아올랐다. 5월 15일 오후에 전남대와 조선대를 포함한 광주시내 9개 대학의 1만5천여 명의 대학생들이 도청광장 분수대를 중심으로 집회를 열었다. 전남대 총학생장 박관현과 다른 대학 총학생장들은 시국선언문을 낭독하고 민족민주화성회(민주성회)를 열었다. 학생과 시민 2,000여 명은 태극기를 앞세우고 질서정연하게 가두행진을 하였고, 경찰은 교통정리를 해주며 평화시위를 보장하였다. 이때 교수들도 참가하여 분위기는 한층 고무되었다. 5월 16일에는 전남대 복학생협의회회장 정동년이 도청 앞 광장에서 시국선언문을 낭독하고 민주성회 횃불시위행진을 가졌다. 5월 17일 밤에 특전사 7공수여단 소속 장교들과 사병들이 조선대와 전남대를 점거했다.

「5·18 광주민주화운동」(1980. 5. 18~5. 27)이 시작되었다. 전남대 학생들은 5월 18일 교내로 들어갈 수 없자 무장한 군인들을 향해 투석전을 벌였다. 경찰이 최루탄과 경찰봉으로 해산시키는데 실패하자, 오후에는 공수부대를 투입시켰다. 그 다음날, 공수부대원들의 잔인한 시위진압 과정을 본 시민들이 합세하기 시작하였다. 5월 20일에는 학생·시민의 사상자가 많이 발생했다는 소식을 들은 시내버스, 택시운전사들이 도청의 군경을 향해 돌진하기도 했다. 민중항쟁으로 확산되었다. 21일, 아시아 자동차공장에서 장갑차, 군용지프, 트럭을 빼앗아 도청 계엄군을 향해 돌진하기도 하였다.

학생과 시민들이 차량을 몰고 광주시 밖으로 나가 화순, 나주, 영광 등 인근 경찰서에서 예비군용 총기, 실탄, 수류탄 등을 탈취하여 시내로 돌아오자 광주시내는 전쟁터로 변했고, 이를 계기로 시위가 광주 인근지역인 함평, 무안, 목포 등지로 확산되었다. 계엄군과 무기를 가진 시민군 사이에 총격전이 벌어졌다. 이때 상부의 지시에 따라 계엄군은 광주외곽으로 퇴각했다. 광주는 이때부터 주변지역과 차단되어 완전히 고립되었다.

사회 각 분야의 인사들로 구성된 시민수습대책위원회가 구성되었고, 학생수습대책위원회도 자치적으로 결성되었다. 시민궐기대회를 열고, 계엄철폐와 전두환 퇴진, 김대중과 구속자 석방을 외쳤다. 계엄사령부는 광주사태가 김대중의 배후조종이라고 발표(1980. 5. 22)했다. 이것이 조작된 김대중의 내란음모사건이다. 김대중은 군법회의에 이송되었고, 1심

(80.9.)에서 사형언도를 받았으며, 1982년 12월 23일 형집행정지로 출옥하여 미국으로 떠났다. 그리고 1985년 2월 8일 귀국하여 김영삼과 민추협 공동의장이 되었다.

유혈사태를 막기 위해 총기를 반납하자는 온건파와 피의 값 보상이 이루어질 때까지 일방적인 무기반납을 반대하는 강경파로 나누어졌다. 박충훈 총리는 1980년 5월 23일 '특별담화문'을 발표했다. 그리고 24일 수습위원들의 활동으로 총기와 실탄이 상당수 회수되었다.

1980년 5월 25일 재야청년운동세력을 중심으로 새로운 지도부가 구축되었고, 항전을 주장하는 강경파가 주도권을 잡았다. 26일까지 도청 앞에서 '민주수호 범시민궐기대회'가 수차례 열렸다. 5월 27일 새벽에 광주 외곽에 있던 계엄군 6천여 명은 '상무충정작전'으로 도청을 향해 진군하였다. 민주투쟁위원회 시민군대변인 윤상원을 비롯한 강경파들은 최후의 항전을 하였다. 공수부대까지 동원한 강경진압에 의해 '서울의 봄'은 핏빛으로 물든 잔인한 5월을 남기고 막을 내렸다. 그러나 민주화를 위하여 희생한 피의 대가는 민주화쟁취란 시대적 위업에 새로운 동력으로 작용했다. 정해구의 『전두환과 80년대 민주화운동』에 의하면 "광주항쟁은 사망자 154명, 행방불명자 74명, 상이 후 사망자 95명, 부상자 3,310명, 구속·구인자 1,430명 등 총 5,063명에 이르는 막대한 인명피해를 낳았다." (역사비평사, p. 75)

1980년대 반미감정은 「5·18 광주민주화운동」때부터 시작되었다. 학생들은 사실여부와는 무관하게 광주사태가 일어난 것은 미국이 신군부정권의 강경진압을 방조 내지 묵인했기 때문이라고 보았다. 학생들은 「5·18 광주민주화운동」때 미국이 학생들을 지지해 줄 것으로 생각했다. 그러나 미국이 광주민중항쟁 때 군부독재정권을 지원했다고 믿었다. 이때부터 운동권 학생들은 미국에 대한 부정적인 시각을 갖게 되었다. 여기서 짚고 넘어가야하는 것은 운동권학생 모두가 반미운동을 한 것은 아니라는 것이다.

무림(霧林 MC) · 학림(學林 MT)논쟁

1980년 5월 광주민주화운동의 좌절로 학생운동권내에서는 비밀조직의 전위조직역량 건설의 필요성을 절감했다. 그리하여 학생들은 전위조직 결성을 시도하였다. 이때 학생운동진영은 2개의 진영으로 나누어졌다. 하나는 학생회를 중심으로 학원 내의 민주화와 학생활동의 자율화를 위하여 투쟁하자는 학생주류세력(Main Current, MC, 무림계열)이었다. 그리고 다른 하나는 전면적(전위적·혁명투사적) 투쟁을 함으로써 군부독재를 타도하자는 민주화투쟁(민투의 약칭 MT, 학림계열)그룹이었다. MT는 집단학습이란 말이 있지만, 여기서는 '민주화투쟁'을 의미한다. 민주화투쟁위원회와 민주화투쟁학생연합을 간단히 MT라 불렀다.

MC그룹은 학원민주화를 통해 대중조직을 위한 기반을 넓힌 후, 단계적으로 사회민주화투쟁을 하자는 학생운동의 주류로서 '준비론'을 주장하였다. 반대로 MT그룹은 전면적 정치투쟁을 통해 사회민주주의를 먼저 이룩해야 한다고 주장했다. 1982년 초에 무림그룹에서 나온 팸플릿「야학비판」(야비)과 학림그룹에서 나온 팸플릿「학생운동의 전망」(전망)이란 출판물이 나왔다. 이를 두고 학생운동진영에서는 MC·MT논쟁, 무림(霧林)·학림(學林)논쟁, 또는 기관지 이름을 따서 '야비' '전망'논쟁이라 부르기도 하였다.

무림사건이란 서울대생 1,000여명이「12. 12 사태」1주년을 맞아 서울대 도서관 앞에서 '반파쇼학우투쟁선언'이란 유인물을 뿌리고 군사정권 타도를 외치며 시위한 사건이다. 파쇼(fascio)란 이탈리아어로 '묶음,' '결속'이란 뜻으로 독재자 한 사람을 말하는 것이 아니라 한 계급세력을 말한다. 학생들은 신군부세력을 파쇼라고 불렀다. 「12.12 사태」 1주기 때 서울대의 과학적 사회주의연맹(과사련) 소속 학생들은 준비도 없이 데모했다가 학원탄압의 빌미만 주었다고 반성하였다.

무림은 기관지 「야학비판」을 통하여 지나친 정치활동을 지양하고, 세력규합을 하기위해 노동현장으로 세력을 확대하여 대중적 기반을 넓히자는 주장을 폈다. 특히 「5·18 광주민주항쟁」이 실패로 돌아가자 '시위가 만능은 이니다'란 것을 체험했다. 그리하여 무림은 기관지 '야학비판'을 통하여 시위투쟁 자제론, 학생운동 주도체론, 단계적 준비론을 강조하였다.

무림사건의 배후조직을 수사하던 경찰관은 사건에 연루된 숫자도 많고 조직형태도 종잡을 수 없으며, 수사를 해 들어갈수록 오리무중이어서, 안개에 싸인 숲과 같다고 하여 경찰이 「무림」이라고 붙인 이름이다. 이 사건으로 9명이 구속되고 90여명이 강제 징집되었다.

학림사건 또는 전민학련(1981.5~8)사건은 '서울역 회군'을 통하여 기존의 운동권학생조직이 소극적이며 투쟁의지가 약하다고 생각했다. 그리하여 좀 더 강력하고 전면적 투쟁을 할 수 있는 학생운동투쟁조직의 필요성을 느꼈다. 이를 위하여 대학 간 연합서클인 흥사단아카데미 출신인 이태복(출판사 광민사 대표)이 전국민주학생연맹(전민학련)을 결성하였다. 학생운동과 노동운동을 결합하기 위하여 1980년 5월 초에 결성한 전국민주노동자연맹(전민노련)과 연합하여 노학연대를 구상하였다. 전민학련은 사회변혁의 주도체는 노동자이고, 문제를 제기하고 방향을 제시하는 선도체는 학생운동권이라고 규정했다. 전민학련의 지도부는 복학생들과 노동운동의 경험이 있는 사람들로 구성되었다.

'학림'이란 무성한 학생운동조직이란 뜻으로 전민학련 수사과정에서 역시 경찰관이 붙인 이름이다. 전민노련과 전민학련의 조직이 노출되어 1981년 6월에 국가보안법을 저촉한 반국가단체 구성혐의로 이태복 씨를 비롯하여 주요간부 25명이 실형을 선고받으면서 조직은 해체되었다. 치안본부는 전민학련과 전민노련을 이적단체로 지목하고, 관련자들을 불법감금 후 혹독한 고문을 자행한 것으로 알려졌다.

1980년대 학생운동출신 노동운동가(학출)들은 야학이나 방학 중에 소모임을 통해, 또는 노동현장에 위장취업으로 들어가서 노동자들과 함께하는 시간을 가졌다. 학출들은 노동자들과 함께 사회주의 혁명서적들을 읽고 토론하였으며, 사회변혁을 위하여 민중(노동자, 농민, 빈민, 청년학생 등)이 주체가 되어야 한다는 이론과 전술을 함께 구상하였다. 더불어 노동자들에게 근로기준법, 노동자 투쟁사, 사회역사에 대한 기초지식 등에 대하여 이념교육을 시켰다. 열악한 노동환경을 개선하고, 노동악법을 철폐하며, 노동자의 권익보호를 위하여 노동조합을 결성해야 한다고 깨우쳐 주었다.

패밀리(Family)와 포 시스템(Po-System)

전국의 대학들은 1980년 9월 새 학기를 맞이했다. 사복경찰이 학원 내에 상주하였기 때문에 공개 활동이 불가능했다. 정부의 학원탄압을 피하여 학생운동권은 지하조직체로 움직였다. 학생운동진영에서는 무림사건과 학림사건을 겪었다. 각 학과마다 학회가 있어서 운동권 선배가 새내기를 영입하여 의식화교육을 시켰는데, 이를 패밀리(Family) 또는 포 시스템(Po-System)이라 불렀다. 포(Po)는 영어단어 post(기둥)를 의미한다. 포는 단대의 회장들이었고, Po들의 집합체가 포-시스템이며, 학생운동의 핵심멤버 즉 지도조직이다.

지하서클 학생운동 시기(1980~1983)에는 주로 유인물을 제작하여 강의실과 도서관 같은 곳에 몰래 배포하는 방식을 취했다. 기관의 눈을 피해 세미나형식을 통해 혁명의 주체인 민중을 논했다. 이때는 안기부, 보안사, 경찰서, 문교부 등의 각 기관에서 파견한 요원과 각 신문사 기자들이 학교에 상주하였다. 학생들은 공안당국에 적발되지 않기 위하여 비밀은어를 사용하며 가족과 같은 정서와 '코드'를 가지게 되었다고 한다. 이 시기에 신입생의 80%이상이 학과단위 학회에서 진보적 이념이나 비판적 사회인식을 얻게 되었다고 한다.

1980년대 초에는 시위를 주도하다가 현장에서 체포되면 관할경찰서에서 심한 조사를 받은 후 입영되는 경우가 많았다. 이때 강제징집 당한 학생들은 '특별정훈교육'이란 명분으로 녹화사업에 이용당하기도 했다. 80년대 초기에 투옥되었다가 풀려나면 학원으로 돌아가지 않고 노동현장으로가 위장 취업하는 학생들이 있었다. 소규모의 모임과 야학활동을 통하여 근로자들에게 의식교육과 조직구성의 필요성을 일깨워주었다.

언더서클 멤버들은 자취방 같은 데 모여서 유물변증법, 종속이론, 노동의 철학, 매판자본, 자본주의 비판론, 러시아·중국·쿠바 등 사회주의 혁명사 등에 대하여 함께 읽고 연구하였다. 예를 들면 마르크스의『자본론』, 『김일성 전집』,『주체사상』, 리영희 교수의『전환시대의 논리』와『우상과 이성』등은 필독서였고, 유럽학자들이 쓴 정치·경제학 이론서도 읽었다. 서울시내 몇 책방은 학생비밀조직이 모이는 아지트였는데, 연세대는 '오늘의 책,' 고려대는 '황토,' 서울대는 '전야,' 그리고 건국대는 '인'이 대표적인 장소였다고 한다.

삼청교육대(三淸敎育隊)

신군부는 '전국비상계엄령'을 선포하고 권력을 장악하자마자 '국가보위비상대책위원회'(국보위 1980.5.30)를 신설하고, 순화교육이란 이름 아래 삼청교육대(1980.8.4~81.1.25)를 설치하였다. 계엄포고에 의하여 법원의 영장이나 재판도 없이 조직 상습폭력배, 사기, 마약, 밀수사범 등 불량배 6만 여 명을 검거하였다. 이들 중에는 노동·농민 운동가들도 삼청교육대에 끌려갔다. 이들은 경찰, 검찰, 군, 지역정화위원 등으로 구성된 위원회에 의하여 죄질에 따라 4등급으로 구분하여 검찰에 송치되거나 군사재판에 회부되었고, 나머지는 순화교육이라 하여 군부대에서 가혹한 훈련을 받았다. 이중 7,578명은 사회보호법에 따라 보호감호처분을 받아 군부대에 수용되었다.

'사회악의 일소'라는 명분하에 희생자 중에는 억울하게 정치적 보복을 당한 자도 상당수 있었고, 노동운동탄압에 이용되기도 하였다. 삼청교육대 내에서는 어디에도 빠져나갈 곳이 없었다. 삼엄한 감시가 있었고, 도망가면 사살이라는 것을 인식시켰다고 한다. 이곳에 인권이란 말은 존재하지 않았으며, '인권침해'와 관련하여 가장 많은 비판을 받았다. 이 시기에는 사회흉악범을 격리시켰기 때문에 사회에 끔찍한 범죄가 거의 없었다고 한다.

2. 사회구성체 논쟁(C · N · P논쟁)

1980년대 학생운동의 특징 중 하나는 이념과잉시대를 창출한 것이었다. 1980년대 초 CNP논쟁은 민주화운동청년연합(민청련)을 중심으로 하여 처음으로 이슈화되었다. CNP논쟁이란 시민민주주의 혁명(Civil Democratic Revolution, CDR), 민족민주혁명(National Democratic Revolution, NDR), 민중민주혁명(People's Democratic Revolution, PDR)의 영어 첫 글자를 따서 만든 조어이다. CNP논쟁을 사회구성체논쟁이라고도 불렀다.

운동권학생들은 우리사회의 모순을 이론적으로 파헤치고, 진단하며, 사회를 변혁하기 위하여 정치적·경제적 문제를 상당기간 동안 논의하였는데, 이것이 전대미문의 CNP 논쟁이다. 이 논쟁의 바탕에는 마르크스-레닌주의의 이념이 깔려있다. 거기다가 민족해방(National Liberation, NL)과 민족통일을 부르짖은 계열은 김일성의 주체사상을 첨가시켰다. CNP 논쟁을 학생운동에 포함시키는 이유는 학생운동세력의 양대 산맥을 이루는 민중민주(People's Democracy, PD)계열과 민족해방(National Liberation, NL)계열의 이념이 여기서 나왔기 때문이다.

시민민주주의 혁명론(CDR)은 우리사회를 주변부 자본주의 형태로 보고 중산층도 포함한 시민의 혁명을 통하여 부르주아(bourgeois) 자본주의의 발달과 더불어 시민의 자유가 확립되는 민주주의를 수립해야한다는 주장이다. 민족민주혁명론(NDR)은 우리사회는 분단된 민족과 군부독재가 겹쳐있는 미국의 신식민지 예속 독점자본주의로 규정했다. 그리하여 반제·반파쇼 민족민주혁명을 주장하여 비교적 호응을 얻었다. 분단된 민족으로서 아픔이 국민의 의식구조에 깔려있기 때문이였으리라. 민중민주혁명론(PDR)은 한국사회를 국가독점자본주의로 보고 군부파쇼와 독점자본을 타도하고, 민중(노동자, 농민, 도시빈민 등)이 주인이 되는 사회를 건립해야한다는 주장이었다. CNP 논쟁시기는 주로 1980년부터 85년 사이였고, 그 중에서 NDR이 대세를 이루었다.

PD계열 운동가들은 대학생으로서의 기득권을 포기하고, 노동현장에 투신 하였다. 그들은 군부독재를 타도하고, 빈익빈 부익부의 부조리를 없애야 한다는 데는 동의를 얻었으나, 노동자, 농민, 시회빈민층이 주인이 되는 사회건설을 주장하는 데는 호응을 얻지 못하였다. 우리나라는 자유민주주의 체제로서 자본주의사회이기 때문에 실현의 가능성이 희박하다고 판단하였기 때문이었다.

CNP가 주장하는 것은 한국이 자본주의사회라 하지만, 경제적으로는 미국의 식민지 혹은 신식민지이고, 남북 통일운동에 걸림돌이 되는 미 제국주의를 축출해야 한다는 것이다. 이점은 NL이나 PD나 공통점이었다. 다른 점은 민족해방(NL)계열은 민족해방 민족자주를 앞세웠고, 민중민주 계열은 민족통일 보다는 빈익빈부익부의 부조리 즉 사회계급 모순 타파를 더 중요시 했다. 그리하여 NL은 민족해방을 부르짖었고, PD는 노동해방을 구호로 내세웠다.

NL계열은 이때 김일성 주체사상을 확산시켰다. NL, PD 모두 이념의 뿌리는 민족해방 민중민주주의 혁명(NLPDR)에서 나온 좌익운동이다. 미군은 6.25 전쟁 때 UN군의 일원으로 참전했음에도 불구하고 지원군이 아니라 점령군으로 규정하고 있다. 또한 실제 상황과는 관계없이 「5·18 광주민주항쟁」의 엄청난 희생을 미국의 탓으로 돌려 반미감정을 불러일으켰다.

이즈음 민주·민중·민족통일의 기치 아래 정치적인 투쟁조직인 전국민주화운동청년연합(민청련)은 1983년 9월 30일 창립대회를 가졌으며 초대의장은 김근태였다. 민청련 회원은 재학생들이 아닌, 1970년대 후반에 학생운동권 출신들이 중심이 되어 발족하였는데, 민주주의와 민족통일 그리고 민족자립경제와 부의 분배를 외쳤다. 민청련은 광주항쟁의 진상을 집중 조명하는 운동을 펼침과 동시에 민중운동을 이끌어나가는 민중민주운동협의회(민민협), 민주·통일 국민회의(국민회의), 민주통일 민중운동연합(민통련) 등을 이어주는 가교역할을 하게 된다. 민청련은 1984년에 기관지인「민주화의 길」과「민중 신문」을 통해 민중운동의 방향 제시와 관제언론에 대한 폭로를 통한 반체제운동을 펼쳐나갔다.

1980년대 중반에 우리나라는 3저 현상으로 자본주의국가로서 눈부신 경제발전을 이룩하였으며, 중산층이 두터워졌는데도 국가독점 자본주의를 논하며, 대기업(중소기업까지도)을 타도의 대상으로 삼았다. 그리고 대미 무역에서 흑자를 기록했지만 경제적 수탈을 논하며 우리나라를 미국의 식민지로 규정하였다. 이러한 점들을 미루어 볼 때 민주화투쟁을 이행하는 과정에서 운동권학생들은 이념적으로 사회주의에 치우쳤음을 지적할 수 있다.

3. 학원자율화 조치

신군부정권의 정통성결여와「5·18 광주민주항쟁」의 유혈진압으로 군부독재에 반대하는 학생민주화운동은 갈수록 고조되었다. 그러나 전두환 정권은「86 아시안게임」과「88 서울올림픽」을 앞두고 학생들을 징계와 강제징집 같은 강경책으로 밀어붙일 수만은 없었다. 더구나 1984년 5월 6일, 한국천주교회창설 200주년을 기념하여 교황 요한 바오로 2세의 방한 스케줄이 잡혀있었다. 신군부로서는 진퇴양난의 처지였다. 신군부정권은 획기적인 학원자율화조치를 취할 수밖에 없었다.

신군부정권은 1983년 12월 21일 학원자율화 조치를 발표하였다. 강경엄벌에 앞서 선도위주로 학생들을 지도하겠다는 정부의 유화정책의 일환으로서 많은 학원규제들이 한꺼번에 풀렸다. 그간 신군부정권은 학원 내외의 민주화투쟁을 사전에 막기 위하여 사복경찰(학생들은 '짭새'라고 불렀음)을 대학 내에 투입시켰다. 사복경찰은 운동권학생을 일반학생들로부터 격리하고 시위주동학생을 연행하기도 하였다. 우선 학원자율화 조치로 대학 내에 주둔하고 있던 공권력은 일단 철수되었다.

문교부는 1984년 1월부터 복교조치와 아울러 학원문제는 원칙적으로 학교당국의 자율적인 운영에 맡긴다고 하였다. 발표 다음날부터 특별사면을 실시하여 1984학년도 1학기부터 전원 복교가 허용되었다. 제적생 1,373명의 재입학 허용, 해직교수 86명의 복직, 학생모집비율 결정권(졸업정원 130%이내), 신입생 전형시 총점10%내 논술고사 실시여부, 성적평가제(절대·상대), 지도휴학제 채택여부, 서클등록 절차 및 지도방법 등을 대학에 일임하였다. 그리고 9월 22일, 11년 만에 학생의 날을 부활하였다.

신군부정권은 학원자율화조치 이전인 1980년에 '국보위'의 문교공보분과위원회에서 '교육정상화 및 과열과외 해소방안'으로「7.30 교육개혁」조치를 단행하고 과외금지와 졸업정원제를 발표하였다. 1980년도에 누적된 재수생은 4만 명, 대학진학 희망자는 50만 명인데 전문대를 포함하여 대학입학 정원은 20만 명이었다. 특히 일류대학 진학을 위하여 고액과외가 성행하였다. 이 '과외금지'와 '졸업정원제'는 국민들로부터 환영을 받았다. 대학별 본고사를 폐지하고, 예비고사 성적만으로 신입생을 선발하였다. 1981년도에는 예비고사 성적 50%이상을 반영하고, 내신 성적 20%이상, 나머지 30%는 대학의 재량에 맡기기로 했다.

전두환 정권은 1982년부터 과학 고등학교를 신설하고, 영재교육을 실시하였다. 1980년부터 중학교 의무교육을 실시하고, 교육재원 마련을 위해 교육세를 신설하였다. 그리고 교육대학의 질적 향상을 위해 수업연한을 2년에서 4년으로 연장하였고, 4년제 대학에 국민윤리를 필수과목으로 하였다. 1980년 2학기에 학도호국단이 부활하였다. 1982년에 야간 통행금지를 해제하고, 중고등학생들의 교복을 자율화하였다. 교복자율화는 개성과 민주의식, 그리고 소외감 해소를 위해 착안되었다. 그러나 1986년부터 청소년들의 탈선과 가계부담, 교외생활지도의 어려움 등의 이유로 교복과 두발의 자유화를 각 학교에 위임하였다.

4. 전국연합시위의 효시 연세대 청송(聽松)캠프

청송캠프는 1984년 8월 6일에서 10일까지 연세대 교정에서 전국 45개 대학 학생대표 및 학생 2,000여 명이 외부인사 초청강연과 더불어 토론 형식으로 진행되었다. 풍물과 민요, 농민 춤, 해방 춤 등의 집단놀이 프로그램을 곁들인 연합캠프를 펼쳤다. 대규모 불법집회 마지막 날에는 1,000여 명이 교내에서 시위를 하였다. 이 연합시위는 전국학생연합 투쟁의 효시였다.

청송캠프 팸플릿에는 연세대 대강당에서 함석헌 선생의 「한국의 정치 상황과 극복과제」, 유인호 교수의 「한국경제의 위기적상황과 근원적 모순」, 고은 시인의 「민족현실과 문화운동의 과제」, 백기완 전 백범연구소장의 「민중의식과 민족의식－그 실천적 과제를 위하여」, 문익환 목사의 「한국 민주화운동의 흐름」 등의 초청강연 일정이 기록되어 있었다. 팸플릿에는

1960, 70년대 대표적인 저항시인 김지하의 시 「오적(五賊)」이 실렸다. 「오적」은 200자 원고지 40장 분량으로 『사상계(思想界)』 1970년 5월호에 실렸다. 「오적」은 이번 청송캠프에서 처음으로 임진택님이 판소리의 대본으로 불렀는데, 그 내용은 1970년대의 권력과 재벌계층을 신랄하게 꼬집은 고발 시이다. 김지하 시 「타는 목마름으로」와 「오적」의 일부를 발췌해본다.

「타는 목마름으로」

신새벽 뒷골목에 네 이름을 쓴다 / 민주주의여
내 머리는 너를 잊은 지 오래
내 발길은 너를 잊은 지 너무도 너무도 오래
오직 한 가닥 있어
타는 가슴 속 목마름의 기억이 / 네 이름을 남몰래 쓴다 민주주의여
아직 동트지 않은 뒷골목의 어딘가
발자욱 소리 호르락 소리 문 두드리는 소리,
외마디 기나긴 누군가의 비명소리
신음소리 통곡소리 탄식소리 그 속에 / 내 가슴팍 속에
깊이깊이 새겨지는 네 이름 위에 / 네 이름의 외로운 눈부심 위에
살아오는 삶의 아픔 / 살아오는 저 푸르른 자유의 추억
되살아오는 끌려가던 벗들의 피 묻은 얼굴
떨리는 손 떨리는 가슴 / 떨리는 치떨리는 노여움으로 나무판자에
백묵으로 서툰 솜씨로 / 쓴다
숨죽여 흐느끼며 / 네 이름을 남몰래 쓴다
타는 목마름으로 / 타는 목마름으로 / 타는 목마름으로
민주주의여 만세.
(김지하의 '타는 목마름으로' 1982)

「오적(五賊)」

(재벌가) … 세금 받은 은행 돈, 외국서 빚낸 돈, 왼갖 특혜 좋은 이권은 모조리 꿀꺽, 이쁜 년 꾀 어서 첩 삼아 밤낮으로 작신 작신 새끼 까기 여념 없다. …

(국회의원) … 혁명공약 배지차고 …혁명이닷, 구악은 신악으로! 개조닷, 부정축재는 축재부정으로! 근대화닷, 부정선거는 선거부정으로! 중농이닷, 빈농은 이농으로! …

(고급공무원) … 공은 쥐뿔 없는 놈이 하늘 같이 높이 앉아 한손으로 노땡큐요, 다른 손은 땡큐 땡큐, 되는 것도 절대 안 돼, 안될 것도 문제없어, 책상 위엔 서류뭉치, 책상 밑엔 지폐뭉치, 높은 놈껜 삽살개요 아랫놈껜 사냥개라. 공금은 잘라 먹고 뇌물은 청해먹고…

(장성) … 제 밑에 졸개행렬 길기가 만리장성, 온몸에 털이 숭숭… 졸병들 줄 쌀가마니 모래 가득 채워놓고 쌀은 빼다 팔아먹고, 졸병 먹일 소돼지는 털한 개씩 나눠주고 살은 혼자 몽창먹고…

(장차관) … 왼손은 골프채로 국방을 지휘하고, 오른손은 주물럭주물럭 계집 젖통 위에다가 증산 수출 건설이라 깔짝깔짝 쓰노라니…,

예산에서 몽땅 먹고, 입찰에서 왕창 먹고, 행여나 냄새날라 질근 질근 껌 씹으며…

(김지하의 시 「오적」중에서)

당시 이 연합집회가 대규모 불법행사였을 뿐만 아니라, 캠프자료집 '타는 목마름으로' 3천부를 발간하여 참가학생들에게 배포한 사실도 문제였다. 이 사건으로 이성헌 학도호국단장을 비롯하여 부 총학생장 유성식(국문 4)과 기획부장 김창진(정치외교 3)은 무기정학 징계를 받았다.

학생호국단장 이성헌은 청송캠프 외에도 '대일 외교정책 반대,' 서클연합회, 학회연합회, 복적생 총회, 학원민주화추진위원회를 결성하여 학생운동을 하였다. 정부는 학칙에 의해 징계하고, 철저히 대처하라고 지시하였다.(『학생소요백서』) 연세대 학생들의 부당징계대책위원회, 학도호국단 신·구 상임위원, 그리고 기구대표 협의회 임원들은 '부당징계조치에 대한 우리의 입장'을 표명하였다.

> 총학생장 이성헌은 지난 학기동안 학도호국단의 한계를 넘어 진정한 학생들의 대변자로서 역할을 하였고, 학생들로부터 호응과 지지를 받았다. '제1회 여름 청송캠프'는 이미 6월초부터 학교당국과 상의를 거쳐 잠정적으로 허가받아 준비한 행사였으며, 8월 1일까지는 아무런 문제없이 진행되어온 것이다. 자료집 '타는 목마름으로'도 마찬가지다. 그런데 갑작스레 상부기관에서 '문제 있는 행사이니 즉각 취소하라'는 말이 나돌 때인 8월 초에는 학생처장, 학생주임을 비롯한 학생처 선생님들이 모두 해외연수중이거나 휴가 중인 때였으므로 학생들은 아무런 통보도 받지 못했다. 따라서 우리는 그간의 계획과 준비대로 제1회 청송캠프를 실시하여, 연일 45개 대학 2천여 명의 학생들이 참석한 가운데 성황리에 끝마칠 수 있었다.
> (연세대 기구대표 협의회)

1984년 8월 24일 연세대 학도호국단 신·구 상임위원과 부당징계대책위원회는 총학생장, 부총학생장, 기획부장의 부당한 무기정학 징계를 즉각 철회할 것을 요구하였다. 학생들의 분노는 이번 징계처분이 대학의 학생상벌 분과위원회의 결정이 아니라, 청와대를 비롯한 외부기관의 압력 때문이라고 믿었다. 학생들은 정부가 학원문제를 학원자율에 맡기겠다고 공언한 것을 스스로 파괴시키며, 그 허구성을 단적으로 드러내는 것이라며 분노하였다. 필자는 바로「84 여름 청송캠프」사건의 소용돌이 속에서 제주도에서 급히 귀경하여 학생처장 일을 시작했던 것이다.

5. 총학생회결성과 학원민주화운동

1984년 5월 4일 고려대에서 6개 대학 학원자율화추진위원회(학자추)와 학도호국단과의 연합으로 강제징집 학우 사망자(의문사) 6인의 합동위령제를 치루고 항의시위를 하였다. 학생강제징집이란 제5공화국 때 계엄포고령 위반자, 극렬시위 가담자, 무림(霧林)사건 관련자 등을 경찰이 연행하여 보안사나 안기부 등에서 조사한 후 곧바로 군에 강제 징집된 것이다. 부모에게 입영을 알리고, 학교당국에는 학사징계를 시키도록 강요한 뒤, '특수학적변경자'로 분류, '특수지원자'로 강제동의서를 받은 후, 문교부와 병무청에서 군부대로 넘겨졌다. 강제징집자 중에는 신체적으로 현역병으로 입대할 수 없는 자와 몇 대 독자들도 포함되어 있었다.

집단강제징집(1980. 9. 4 시작~1984. 11 폐지)을 당한 학생은 총 1,152명이었다. 이 중 일부는 보안사 대공처 소속 심사과에서 조사했다. 강제징집자 일부는 '녹화사업,' 다른 학생들에게는 프락치(fraktsiya) 활동을 강요했었다.(국방부 과거진상규명위원회, 2007년) 녹화사업은 보안부대에서 의식전환교육을 시킨 후, 이들을 휴가나 외박 등을 하게하였다. 그들을 입영 전에 학생운동을 했던 학교로 다시 보내어 학우들과 선후배들의 데모에 대한 정보를 수집하여 오도록 하였다. 함께 학생운동을 하였던 동료들과 조직에 대하여 진술서를 쓰도록 강요하여 비인간적 비윤리적

배신자가 되게 한 것이다. 이 과정에서 양심의 가책을 이기지 못하여 괴로워하다가 스스로 목숨을 끊은(의문사) 학생들도 있었다.

의문사로 숨진 학생 6명은 김두황(고려대), 정성희(연세대), 한희철(서울대), 이윤성(성균관대), 한영현(한양대), 최온순(동국대) 등이다. 그때 강제 징집되었던 학생 109명이 돈5만원씩을 추렴하여 1985년 4월 17일 고려대 민주광장에 6명의 진혼비를 세웠다고 한다. 진혼비에는 문무대사건 109인 일동과 고려대학교총학생회 이름으로 돼 있다.

학원면학분위기를 위한 정부의 자율화정책은 별 효과가 없었다. 학원으로 복귀한 제적생들은 복학생대책위원회와 학자추를 결성하여 학내투쟁(MC계열)을 조직화하였고, 나아가 연합투쟁조직을 결성하여 민주화열풍을 일으키기 시작하였다. 일부 학생들은 재야단체 또는 야당과 제휴하기도 하였으며, 그 중 일부는 학교로 돌아오지 않고 노동현장에 위장취업하여 민주노조 결성에 관여하였다.

학원민주화운동 학생들은 졸업정원제와 상대평가제 폐지, 지도휴학제와 강제징집 철폐, 학생활동금지 및 제한규정 폐지, 그리고 학내언론의 활성화를 요구하였다. 통일문제와 광주사태를 정치적 이슈로 부각시켰고, 5월에 교황의 한국방문을 반대하는 시위를 벌렸다.

학원자율화조치와 더불어 시작한 1984학년도 1학기에 전국대학에서 일어나고 있는 학원폭력 사태와 극렬해지는 시위양상을 두고 우려의 목소리가 높았다. 서울대에서는 1,000여명의 학생이 아크로폴리스광장 언덕의 장미나무 500여 그루를 뽑아 소각하였고, 고려대에서도 학자추 총회 후 800여 명은 학생회관 민주광장 앞 나무 30여 그루를 뽑고, 벤치 10여개를 파손했다. 연세대에서도 담장파괴가 있었다. 지방의 모 대학에서는 도서실에서 농성 중이던 학생 200여 명이 교수에게 폭언하고, 중간시험을 방해하였으며, 고사장에 최루탄 분말을 살포하는 사태가 벌어졌다. (문교부『학원소요 백서』)

서울의 모 대학학생 500여명이 정문진출을 시도하다가 임장지도 중인 학생처 직원에게 폭언하였다. 총장실 난입, 기물파손, 서류탈취를 만류하는 교수들에게 '경찰앞잡이 물러가라,' '어용교수 물러가라'라고 폭언 등을 하였다. 신문·방송 기자들을 억류, 필름 탈취, 카메라 파괴를 하는 등의 사건도 있었다. 지방대학에서도 형세는 마찬가지였다.

1984년 1학기 동안 전국대학에서 일어난 소요에 관한 문교부『학원소요 백서』의 통계는 다음과 같다. 1984년 1학기동안에 전국대학에서 교문진출기도가 40개 대학에서 173회, 기물파손 25교에서 67회, 총·학장실 점거 4교에서 4회, 화염병 투척 6교에서 10회, 횃불시위 18교에서 30회, 화형식 26교에서 64회, 철야농성 31교에서 134회, 학생부상 20교에서 52명, 교수·교직원 부상 14교에서 42명, 그리고 경찰부상이 1,056명이었다. 학생들이 민주화운동을 할 때 어떠한 경우를 막론하고 학교기물파괴나 폭력을 동반해서는 국민의 호응을 얻을 수 없다는 사실을 망각한 듯하였다.

학원민주화투쟁(MT)과 기간조직 민추위

1984년 10월 학생민주화투쟁(MT)을 배후조종하는, 학생운동지도조직인 민주화추진위원회(민추위)가 결성되었다. 서울대, 연대, 고려대, 성균관대 등에서도 민추위와 노선을 같이하는 민주화투쟁위원회가 결성되었다. 민추위는 학림계열(MT계열)을 이어받았는데, 1984년에 정치신문 형태로「깃발」을 2회에 걸쳐 발간하였다. 민추위는 민족민주혁명(National Democratic Revolution, NDR)을 목표로 삼으며, 산하에 민주화투쟁위원회, 노동문제투쟁위원회, 홍보위원회를 두었다. 민추위는 노동운동에 중점을 두고, 청계피복노조합법성 쟁취대회, 대우 어패럴(Daewoo Apparel) 동조시위 등의 노학연대 투쟁에 적극적으로 가담하였다. 노학연대는 학출들이 시작한 것이다.

'학출'들은 공장에서는 배우는 학생이었고, 야학을 통하여 같이 공부하는 강학(講學)이며 노학연대란 목적을 향해 함께 뛰는 동지들이었다. '학출'들은 노조 간 가교역할을 하였고, 노동자신문 등을 통하여 노동자 집단 밀집지역에서 일종의 계몽운동을 하였다. 1980년대 초반에 경인지역의 공장밀집지역에는 4천여 명의 학출들이 있었을 것으로 추산했으며, 그 당시에는 위장취업자 색출이 경찰과 정보기관의 관심사였다.

'야학'이 갖는 역사는 꽤나 길고 목표는 매우 훌륭했다. 일제강압시대의 야학은 농민과 민중의 계몽운동으로써 문맹퇴치운동이요, 정치의식을 각성시켰던 구국운동의 일환이었다. 1970년대는 야학의 전성기였는데 주로 배움의 시기를 놓친 노동자들의 문맹퇴치를 위한 것이 목적이었다. 1980년대 학생노동운동 팸플릿에는 야학활동을 통해 "노동대중이 역사발전의 주체를 담당하는 민중으로서의 자각과 그 주체적 삶을 살아갈 수 있도록 해야 한다"고 밝혔다. 80년대 야학은 민주화운동을 위한 세력확장과 노학연대를 형성하기 위한 의식화교육의 장이기도 했다.

총학생회와 문교부와의 마찰

1984년 2학기가 시작되자 각 대학은 본격적으로 총학생회를 결성하였다. 문교부는 총학생회회칙과 총학생회장 출마자격을 두고 각 대학 지도부와 소모적인 실랑이를 벌였다. 1984년 9월 17일에 고려대(김영춘, 영문), 9월 25일에 연세대(송영길, 경영), 9월 27일에 서울대(이정우, 법학)

총학생회장이 선출되었다. 이들 81학번 3인방들은 재경 대학들과 연합하거나, 전국대학 연합체투쟁조직 결성에 열을 올렸다.

1984년 9월 17일, 서울대 복학생들은 기관지 「전진」 창간호를 발간하고, 대회를 마친 후 모임을 가졌다. 이때 가짜학생 4명을 발견하고 정보기관의 프락치로 오인했다. 학생들은 이들을 불법감금하고 10일간 폭행한 사실이 밝혀졌다. 이를 서울대 프락치사건이라 불렀다. 9월 26일, 피해자들은 정신을 잃고 병원으로 수송되었고, 이에 가담한 학생들은 수사기관에서 조사를 받았다. 당시 서울대 핵심간부들은 잠적하여 수배대상이 되었고, 복학생협의회 대표 유시민은 구속되었다.

1985년 1심에서 유시민은 1년 6개월의 형을 선고받았다. 유시민은 그의 항소이유서에서 우리나라의 오랜 군부독재와 학원탄압 아래, 무구한 학생들이 희생당하고 있는 현실을 적나라하게 고발하였다. 그의 항소이유서는 그 당시의 학생들과 국민의 심금을 울렸다. 2심에서 징역 1년형을 선고받고 복역하였다. 이 사건으로 인해 서울대 운동권 학생 수 명이 제적·구속 되었다.

1984년 9월 초에 전두환 대통령의 일본방문 일정이 잡혀지자 학생들은 한·일 군사협력과 경제협력 차원에서 '매국방일'이라고 규정하고 각 대학마다 방일반대시위가 거세게 일어났다. 학생들은 한반도 핵기지화 가능성을 반대하였고, 경제적으로는 일본자본과 국내 독점자본이 노동계층의 수탈을 초래한다고 주장하였다. 바로 2년 전, 1982년에 일본문부성의 역사교과서 왜곡사건 때 한국과 중국은 분노하였고, 침략역사를 부인하거나 미화하는 교과서출판을 즉각 중지하라고 경고하였다. 우리나라에는 연일 반일시위와 함께 독립기념관건립 준비위원회를 결성하여 국민모금운동에 들어갔다. 그리하여 국민성금 490억 원과 국가보조로 충남 천안에 독립기념관을 건립(1987. 8. 15 준공)하였다.

우리국민은 일본의 뉘우칠 줄 모르는 뻔뻔스러움에 당혹감과 분노를 감출 수 없었다. 1970년 빌리 브란트(Willy Brandt) 독일총리가 유태인학살 추모비 앞에서 무릎 꿇고 사죄했다는 사실을 우리는 기억하고 있다. 독일의 과거사 뉘우침은 일본에게 많은 것을 암시해 준다. 그리고 1985년 세계2차 대전 40주년 기념식에서 또다시 독일의 리차드 바이츠제커(Richard Weizsacker)대통령이 나치의 침략전쟁에 대해 사죄하였다.

6. 민정당사 점거농성

1984년 '학생의 날'(11.3)은 학원자율화 조치와 더불어 11년 만에 부활하였다. '학생의 날' 기원은 일제강점기시대에 전남 나주에서 일본학생이 우리한국 여학생을 무시하고 놀린 까닭으로 이를 본 광주고보(후에 광주서중) 학생들과 일본학생 간에 싸움이 일어났다. 그런데 일본경찰이 우리나라 학생들을 부당하게 처리하자, 울분한 광주시내 학생들이 1929년 11월 3일 일제히 일어나 항거하였다. 이 의거일을 기념한 것이 학생의 날이다. 이때의 학생투쟁은 1930년대까지 이어졌다.

'학생의 날'을 맞이하여 11월 2일부터 전국대학 학생대표들이 연세대에 모여들기 시작하였다. 11월 3일에는 연세대에서 전국대학연합회 주최로 42개 대학 1만여 명이 모여 전국 민주화투쟁학생연합(민투학련)을 결성하고 독재정권 퇴진운동을 벌였다. 학생들은 노동악법 개정, 노동탄압중지, 민중생존권 보장, 전면해금실시 등을 요구하였다. 이날 경찰의 교문

봉쇄작전에 대비하여 담이 없는 연세대 주위에 통로를 만들어 그곳으로 50~100명씩 들어와 연대 연합집회에 참석할 수 있었다.

학생들은 이날 신문지로 만든 에피지(effigy) 5개를 화형식 하고, 횃불 시위를 하였다. 700여명이 정문으로 진출했으며 500여 명이 철야농성을 하였다. 이때 시위는 근 일주일간 이어졌고, 연세대 총학생회장 송영길은 연행되었다. 학생들은 연행학생 석방을 요구하며 수업거부를 결의하였다. 1984년 11월 13일 학생의 날에는 노동운동가 전태일의 추모제를 치렀다. 재경 대학 학생들은 거의 매일 연합시위를 하였다.

이시기에 연세대 총학생회장(송영길), 서울대 총학생회장(이정우), 고려대 총학생회장(김영춘)은 서울 합정동에서 함께 하숙을 하며, 연합시위를 모의하곤 하였다. 이들 '불법 총학생회장 3인방'은 81학번으로 연합시위를 주동하였고, 민투학련 소속 학생들의 민정당사 점거농성도 '3인방'이 모의한 것으로 알려졌다.

1984년 11월 14일 오후4시경, 학생운동 선도투쟁조직인 민투학련소속 연세대, 고려대, 성균관대 학생 264(여학생 57명 포함)명은 민정당사를 지키고 있던 전경들을 밀어내고 일제히 난입하였다. "왜 우리는 민정당을 찾아왔는가?"란 유인물을 살포하고, 총재비서실과 대표의원 실과 9층 회의실에 들어가 농성을 시작하였다. 이 시기에는 PD(민중민주)계열이 학생운동을 주도하였다. 학생들이 요구한 14개 항의 내용이다.

> ① 대우노조 탄압을 즉각 중지하고 김우중 사장의 공개사과, ② 협진노동조합과 유니전 노동조합 인정하고, 해고노동자 복직, ③ 청계노조 인정하고 노동부장관 사퇴, ④ 노조탄압 중지하고, 노동악 법 개정, ⑤ 김영삼 · 김대

중 포함 전면해금 실시, ⑥ 집시 · 시위에 관한 법률과 언론기본법 폐지, ⑦ 비례대표제 무시한 국회의원 선거법 개정, ⑧ 군장성 출신의 정치개입 중단, ⑨ 고대생 정종욱 사건 과 서대문 · 청량리 경찰서 여학생추행사건 책임지고 치안본부장 사퇴, ⑩ 경희대생에 대한 반시위 테러를 지시한 문교부장관 사퇴, ⑪ 학도호국단 설치령 폐지, 총학생회 즉각 인정, ⑫ 일당 4천 원 이상의 최저임금제 실시, 20%이상의 임금인상 실시, ⑬ 추곡가를 20%이상 인상하고, 농가부채 탕감, ⑭ 대책 없는 철거를 중단하고, 서민주택난 해결 등이었다.

민정당은 의원총회 결정에 따라 의원 6명이 학생들을 설득하려했으나 학생들은 응하지 않았다. 전투경찰이 건물을 에워싸고 최루탄을 쏘았으나 학생들은 철문을 안으로 걸어 잠그고 창문에 플래카드와 메시지를 붙였다. 1984년 11월 15일 농성 학생전원이 연행되었다. 19명이 구속되고, 186명이 즉심에 넘겨졌다. 이 사건에 연루된 학생은 연세대 89명, 고려대 85명, 성균관대 97명이었다.

연세대에서는 58명을 상대로 선도면담을 실시하였다. 연세대 학생 구속기소 5명, 즉심자 58명, 훈방자 25명이었다. 훈방자 25명은 선도 교육을 마쳤고, 즉심에 넘겨진 58명에게 학교당국은 집중적 선도면담을 하였다. 지도교수, 학부모, 학생과의 연계면담이었다. 지도교수의 의견서, 학부모의 선도각서, 그리고 학생들은 각서를 작성했다. 위의 3가지 선도보고서는 차후 정식재판에 참고자료로 활용됨으로 필히 작성하여 학생처로 보내달라고 당부하였다. 연세대학교 상벌분과위원회는 학칙에 따라 민주화투쟁 학생연합공동의장, 총학생회장, 학민추위원장, 서클연합회장, 유네스코학생회장 등 관련학생들 7명을 징계하기로 결의하였다. 그러나 본 징계는 재판결과에 따라 원인무효 처리하기로 했다.

정부는 민정당사 점거농성에 연루된 학생들에 대하여 대학이 소극적인 대응을 하는 것을 두고 정치적 압력을 가하기 시작하였다. 교육부는 학생들을 제적시키라는 정치적 강압을 거부하는 대학에 대하여 고의적 감사를 실시하여, 총장의 사퇴를 압박하면서 대학당국을 몰아붙였다. 고려대 김준엽 총장은 학생들의 징계를 미루며 끝까지 소극적으로 대응하였다. 그러자 문교부는 집요하게 강압적인 사퇴압력을 가했다. 김준엽 총장은 1985년 2월에 고려대학을 떠났으나 그 시대에 지성의 상징으로 존경받았다.

1985년 4월 3일, 연세대 총학생회는 중앙도서관 앞 민주광장에서 '민정당사 구속학우 환영 및 무죄증명 대회'를 열었다. 정태근 총학생회장은 환영사에서 건강한 모습의 송영길 전 회장을 진심으로 환영하며, 관련 학우들의 복교를 위해 노력하겠다고 하였다. 정태근 회장은 성명서를 통해 '우리는 자유를 위해 싸웠고, 우리는 민주를 위해 싸웠으며, 우리는 자유와 민주를 위해 끝까지 싸운다'고 하였다. 민정당사 사건으로 구속되었다 집행유예판결로 석방되었다.

총학생회는 '반독재 민주화투쟁 학생연합의 용기 있는 행동과 민주화에의 뜨거운 열정에 찬사를 보내면서 석방학우들의 무죄를 증언한다'는 성명서를 발표하였다. 이어 경과보고와 고문사례에 대한 종합보고를 하였고, 재판과정에서의 문제점을 토로하였다. 그리고 학생들은 사법권의 독립을 보장하고, 재판부의 집행유예라는 타협판결을 거부한다고 했다. 그리고 석방된 학생들은 그간 개인적으로 여러 면에서 반성의 기회를 가졌다고 했다.

7. 총학생회 임원들과의 대화

연세대학의 학생회관은 '백양로'를 따라 올라가면 우측에 있으며 중앙도서관과 마주보고 있다. 그리고 학생처와 학생처장실은 학생회관 2층에 있다. 서울경기지역 연합데모나 전국 대학 연합시위가 있는 날은 각 대학 총학생회대표들이 학생처장실에 들려 "저 왔습니다"라고 인사를 하였다. 학생처장실의 문은 언제나 열려있었다. 학원자율화 조치와 더불어 각 대학 총학생회는 연합투쟁조직을 결성하여 번번이 대규모 집회를 벌였다. 연합집회가 있을 때는 연세대 총학생회 대표들을 불러서 규모와 시간을 물어본다. 데모를 하지 않고 이번만은 넘어갈 수는 없느냐고 물으면 그냥 넘어갈 수는 없다고 한다. 그러면 데모는 하되 몇 가지는 지켜줄 것을 요구하였다.

1984년 11년 만에 부활된 '학생의 날' 데모는 몇시에 시작하며 규모는 얼마나 되나? 연세대 단독으로 하나, 아니면 몇개 대학이 연합해서 하는가? 부디 너무 과격하게 하지 마라. 너희들도 다치고, 전경들도 다쳐서는 안 되지 않느냐. 누구도 다치지 않도록 하여라. 부디 오후 5시까지 끝내도록 해라. 밥은 먹었느냐? 모두들 피곤하여 눈을 뜰 수가 없구나. 학생처 교직원들도 내일을 위하여 퇴근해야 하니까. 꼭 해야 되겠으면 부디 과격하게하지 말고, 시간을 단축해달라는 등을 당부하였다.

오후 5시 경에 데모를 끝내고, 총학생회장이 학생처에 와서 "백양로에 나무 두 그루가 불에 탔는데 불을 질러서가 아니고 최루탄에" 의해서였다고 보고를 한다. 모든 대학 총학생회장들이나 사회부 출입신문기자들은 각 대학을 로테이션하며 돌아다니다 보니 각 대학 상황을 잘 안다. 그런데 연세대는 학생처와 학생들 간의 대화 분위기가 다른 대학과 너무

다르다는 점에 의아해했다. 대부분의 대학에서는 데모만 시작되면 본관 전체를 철체문이나 덧문 셔터로 차단해버린다고 했다. 연세대 만은 열린 대화의 장에서, 운동권학생들과의 대화 내용을 듣고는 다들 놀라워했다.

필자는 많은 일들을 학생들과 대화를 통하여 해결하려고 노력하였다. 그들의 요구에 들어줄 것은 들어주고, 타협할 것은 타협했다. 학생들의 요구가 논리에 어긋나지만, 우선 인내를 가지고 끝까지 들어주었다. 저들의 원하는 바를 바르게 이해하고, 또 필자가 원하는 것을 그들에게 인식시키려고 노력했다.

대화에 열성적 청취와 인내가 필수

학생들과의 대화는 그들의 요구와 문제점에 대해 관심을 가지고 해결책을 진지하게 모색해야 했다. 요구를 묵살한다던지 성의 없는 답변은 그들을 대화의 장에서 투쟁의 장으로 내몰게 된다. 합의점을 도출해내기 위해 예의와 규칙을 준수할 것을 학생들에게 먼저 제시한다. 대화할 수 있는 시간과, 발언권을 먼저 얻어서 한 사람씩 발표하게 한다. 그리고 지루하고 피곤하더라도 끝까지 그들의 요구사항을 메모하며 경청한다.

학생들은 저들의 요구가 받아들여지지 않거나, 상대방에서 반대 의견을 제시하면, 당장에 적개심을 표출하며, 기성세대의 논리는 무조건 잘못되었다는 선입견으로 대화의 창구를 닫아버리는 경향이 있다. 그래서 학생들의 요구를 끝까지 들어본 연후에 종합적으로 답변을 하는 것이 효과적이다. 들어 줄 수 있는 요구는 단시일 내에 성의를 다하여 해결해 준다. 도저히 수용할 수 없는 요구는 인내심을 가지고 설득시킨다. 그런 후 결론적인 답변은 짧고 명료하게 한다. 대화에 성의 있는 청취와 인내가 있었어도 설득이 불가능할 때가 많았다.

'386세대'는 민주화투쟁을 하는 과정에서 당장에 가시적인 결과가 나타나지 않는다고 하여 20대가 인생의 전부인 것처럼 착각하고, 분노의 표현으로 극렬한 투쟁을 감행하기도 하였다. '386세대'란 숫자의 의미는 현재 40대 나이, 80년대 학번, 1960년대에 태어난 그룹을 말하며, 정치적 의미로는 80년대 군부독재정권에 맞서 민주화운동에 참여했던 세대를 일컫는다. 내일이 없는 것 같은 학생들의 극단적인 행동을 볼 때, 필자가 가끔 강조한 말이다.

20대에 인생을 다 살려고 하지마라.
20대에 할 일이 있고, 30, 40대에 가서 사회와 국가를 위하여
봉사할 일이 따로 있다. 지금 당장 모든 것을 해결하려고 덤비지 마라.
어떤 일과 과제는 내일로 미루어도 늦지 않는 것이 있다.
그리고 사회와 국가의 모든 부조리나 문제를
자네들이 다 해결해야 한다고 생각하지 마라.
사회에 나가서 초심을 잊지 말고,
지금 자네들이 결심한 바를, 의지를 실현시켜 보아라.

기성세대가 백의 백가지 다 잘못할 수는 없으며, 비민주적인 정부라 하여도 잘하는 면도 있는 것이다. 신군부정권의 모든 정책을 타도의 대상으로 삼지마라. 만사를 흑백논리 잣대로만 재려고 하지 말라고 타이른다. 높은 산을 정복할 때도 직선 상승은 없는 법이다. 한 발짝 물러 설 때도 있고, 빤히 보이는 길도 돌아가야 할 때도 있으며, 계속 오름길에도 계곡을 타고 내려올 때도 있다. 자네들의 생각은 다 옳고, 기성세대의 논리는 다 고루하고 틀렸다고 할 수는 없는 것이다. 또 그렇게 생각하는 발상제체가 잘못이라고 지적한다. 물을 먹이기 위하여 말을 강가까지 몰고 갈 수는 있지만, 그 이상은 불가항력임을 느낄 때가 많았다.

사색의 창(窓)으로부터 온 편지

처장님께 드립니다.

서울 공화국의 식민지가 되어버린 지방경제 · 모든 정치권력 · 경제 문화가 집중되어있는 거대한 괴촌 서울의 야경이 오늘 따라 이상하게 아름답게 보입니다.

한 학기동안 학원의 자율을 완성하기 위한 진통이 처장님이나 저희들을 무척 성숙시키게 했던 것 같습니다.

허구적인 문교부의 학원정책과 학생들의 과격한 행동 사이에서 고뇌하셨던 교수님들의 모습은 저희들을 안타깝게 했던 것 같습니다. 특히 처장님의 고충은 더욱 심했으리라는 것을 같이 보고 느껴본 이 마당에 제자 된 입장으로 송구스러운 마음 금할 길이 없습니다.

그러나 모든 결과는 그 과정 속에 내포되어져 있듯이 저희들의 이러한 싸움이 학원의 민주역량을 훈련시키고 양성함으로써 이 땅의 민주회복의 밑거름이 되지 않나 생각도 해 봅니다. 아무튼 학원 외적 압력으로부터 총장님이하 처장님 교수님들의 노력으로 말미암아 우리는 조그만 승리를 거두었다고 생각을 합니다. 이제 총학생회는 정부에서도 인정하게 되었으니까 말입니다.

처장님께서 항상 강조하셨듯이 「20대에 인생을 다 살려하지 말아라. 그리고 사회에 나가서 변심하지 말고, 의지를 실현시켜 보아라」하신 말씀을 기억합니다. 귀중한 말씀이었습니다. 처장님께서 이 땅의 정치현실을 연구하시면서 느낀 수많은 좌절과 어려움들이 저희들이 40대 가 되어서는 마땅히 극복되어질 수 있도록 역량을 키워가겠습니다.

이정우 녀석이 그때 한 말이 생각납니다.

처장님께서 제가 서대문 경찰서에 있을 때 춥다고 조끼를 벗어 입혀주셨다고 하니까 도저히 이해가 되지 않는다고 말했습니다. 제자를 고발하는 • • 대학 풍토와 저희 연세가 같을 수 없다고 말해 줬습니다. 한 학기 동안의 처장님이나 저희들의 경험은 소중한 것이었다고 생각합니다.

앞으로의 남은 일들도 소신을 가지고 자신 있게 추진해 갈 수 있기를 기대합니다. 너무 어리고, 저희들의 모습이 아직은 다듬어지지 못해 처장님께서 당혹감을 느끼실 때도 계셨겠지만, 모두 대화를 통해 극복해 나감으로써 타 대학과 다른 우리 연세의 기풍을 세워나갈 수 있기를 기대합니다. 계속 학교에 들어갈 수 없으니 답답합니다. 아무튼 절대 이 구조적인 악의 세력에 굴복하지 않고 꿋꿋하게 싸워나가겠습니다. 거대하게 보이던 군부독재정권의 모습이 나약하게 보여 집니다. 우리들의 자그만 행동 하나하나가 이 땅의 사회구조변혁의 힘이 됨을 느껴봅니다.

85년도의 연세1세기가 빛날 수 있게 준비하는 마음으로 책을 읽고 정리하고 있습니다. 빨리 학교에 나가 정리를 여유있게 하고 싶군요.

다시 만나 뵐 때까지 안녕히 계십시오.

(송영길 올림, 1984.12.5)

학생처장님께

날씨가 또 추워집니다. 그간 안녕하셨습니까? 일찍 소식 드렸어야 할 텐데 이제야 연락드리게 되어 정말 죄송합니다. 저는 몸 건강하고 착실히 생활하고 있습니다. 구속 직후 얼떨떨하고 당황스럽던 마음도 이제는 차분히 안정되어, 첫 재판을 받는 지금의 심정은 담담합니다.

저희들 일이나 그 밖에 많은 일들 때문에 무척 바쁘시고 힘드시리라 생각됩니다. 하지만 처장님께서 학생들을 이해하고 이끌어 주셔야 학생들도 학생처와 협조적인 관계속에서 여러 일들을 순조로이 해결할 수 있으리라 생각됩니다. 서클 연합회에 무척 많은 일거리를 남겨둔채 이렇게 떠나오게 되어 처장님께서나 여러 선생님들께서 무척 애를 쓰실 거라 생각합니다.

처장님!

서클연합회 많이 도와주시고, 격려해 주세요. 미경이, 성찬이, 원선이, 현주한테 너무 큰짐을 지워 놓은 것 같아 마음이 아픕니다. 조만간 판결이 나면 나가게 되지 않을까 생각합니다. 나가면 곧 찾아 뵙겠습니다. 하시는 일이 순조로이 이뤄지고 항상 건강하시도록 기원하겠습니다.

안녕히 계십시오.

(서울구치소에서 서클 연합회 회장 김순택 드림, 1985.2.14)

학생들의 편지를 받고… (1985.3.)

학생들이 구치소에서 조용히 자신들을 돌아보며 쓴 편지들을 여러 통 받았다. 지면 관계로 다 소개할 수는 없지만, 하나 같이 성찰을 통해 쓴 진지한 내용들이었다. 운동권학생들의 정중동(靜中動)의 시간들을 읽을 수 있었다. 특히 앞날의 청사진을 그려보면서 차분히 가라앉은 심정으로 쓴 편지를 받아 볼 때는 가슴이 아팠다. 또 한편으로는 학교로 돌아오고 싶은 갑갑한 마음, 계절 따라 돌아가는 학원의 스케줄이 뇌리에 그려지겠지만 자유가 박탈된 처지, 지성을 연마해야할 시기에 몇 개월 내지 몇 년간 감옥소에 갇혀있어야 한다는 것은 개인은 물론 국가적으로도 엄청난 손실이 아닐 수 없었다.

위에서도 언급했었지만 '불의에 침묵'한다는 것은 지성인으로써 양심의 가책을 느낀 시대였다. '행동하는 양심의 지성인'을 부르짖던 시기에 집단적 반항의 문화가 대세였기 때문에 일반 학생들도 '운동권으로부터의 거리두기'는 쉽지 않았다. 그래서 한번 시위에 참여했다가 뚜렷한 투쟁 목적이나 확고한 신념도 없이, 운동권 선배들의 설득에 블랙홀처럼 빨려 들어가 구속된 경우도 있었다.

원고정리를 하다가 그 당시를 회상한다. 학생들이 관할경찰서에 연행되어 조사를 받고 있을 때, 필자는 경찰서에 찾아가서 사과문을 쓰고, 책임 맡고 지도하겠다며 총학생회 간부들을 직접 데리고 나올 때도 있었다. 그 당시에 학생들은 민주화운동을 하다가 구속되거나 옥고를 치르다가 출소하면 복학하지 않고 노동현장에 위장 취업하는 예가 있었다.

'386세대'들이 민주화운동시절을 회상하며 쓴 글들을 읽어보면 학생출신 노동운동가들을 모범학생(?)이라고 생각했다고 한다. 그러나 학생은 막 노동자가 아니었다. 대학을 졸업하면 앞날이 보장되는 기득권이 있었다. 이러한 기득권을 포기하고 노동현장으로 뛰어들기까지 얼마나 고뇌가 컸으랴. 그런데도 개인의 일신을 앞세우지 않고, 행동하는 지성인으로, 민주투사로 자신을 희생한 것이었다. 학생들이 「4·19 혁명」묘지나 「5·18 광주민주항쟁」의 희생자무덤 앞에서 '욕처럼 살아남은 목숨'이라고 스스로 부끄럽게 여긴 것은 그 세대에게 주어진 시대적 과제라고 생각했을까?

필자가 학생회 간부들과 담화할 때 자주한 말이다. '우리국민이 풀어야할 과제를 자네들이 다 어깨에 떠메고 갈 수는 없다. 우리사회의 수많은 부조리와 제도의 결함들을 자네들이 일소해야 한다고 생각하지 마라. 학생들이 해야 할 일이 있고, 기성세대가 실천해야 할 과제가 따로 있다. 꼭 해야 되겠으면 데모를 하되, 어떤 이유를 막론하고 부디 다치지는 말아라'고 당부했다. 연세대학교 학생들은 온순하다고 생각했고, 필자와 총학생회 간부들과는 대화와 소통이 되는 편이었다.

8. 연세대 총학생회장단의 새해인사

정초가 되면 연세대 총학생회 간부들과 대학원생들이 그룹으로 필자의 집에 찾아온다. 1월 3일부터 5일까지 3일 동안 100여 명 이상의 학생들을 떡국·다과·술로 맞이한다. 파티는 언제나 자정을 넘는다. 음식을 나르는 심부름꾼으로 연세대에 다니는 필자의 장녀와 딸의 친구들 몇 명, 그리고 우리 집 두 아들 녀석들까지 다 동원된다.

필자는 미국에서 대학원을 다녔고, 10년간 미국에서 교수생활을 하다가 모교로 돌아왔다. 학생들이 최루탄 가스 속에서 돌팔매질과 화염병투척, 각목을 휘두르다가 경찰에 끌려 연행되는 모습을 볼 때면, 젊었을 때 외국에서 본 평화로운 캠퍼스풍경이 떠오른다. 학생 몇 명이 피켓을 들고 푸른 잔디밭 위에서 원을 그리며 저들끼리 뭔가 시위를 벌이던 광경도 기억에 남아있다. 미국의 대학캠퍼스 내에는 대학에서 운영하는 경찰이 있다. 가끔 학교 경찰이 오토바이 같은 것을 타고 수시로 교정을 둘러보곤 하였다. 몇 명의 학생들이 구호도 없이 데모를 할 때는 못 본 척 하는 것 같았다.

필자가 연세대학에 다녔던 1950년대 후반에는 캠퍼스에 낭만이 있었다. 연대교정, 백양로에 나비와 잠자리 떼가 한가로웠고, 청송대 숲 속에서는 새가 지저귀었다. 밤에는 친구끼리 술을 마시다가 통행금지 사이렌이 울리면 서둘러 하숙집으로 돌아왔다. 돌아오다가 경찰에 잡히면 신촌일대에서는 연세대 학생임을 알아보고(그 때는 서로 낯이 익었다) "학생 오늘 또 늦었군"하면서 빨리 들어가라고 재촉해 돌려세웠다. 통금은 전두환 정권 때 해제되었다. 그때를 상기하면서 민주화운동을 한다고 제대로 먹지도 자지도 못하고, 초췌한 몰골로 무리지어 다니는 1980년대의 학생들을 대했을 때 그들의 시대적 아픔과 고뇌의 학창시절이 몹시 안쓰럽고 측은하게 생각되곤 했었다.

집시법위반 · 수배중인 학생대표

오늘 밤 우리 집에 모인 연세대 총학생회 그룹 중에는 교내시위와 집시법위반으로 수배 중에 있는 학생대표가 몇 있다. 상당한 액수의 현상금이 붙었고, 지명수배 전단이 도로변과 가로등 기둥에 붙어있다. 정부에서는 이성헌과 송영길을 현상금을 걸고 검거에 총력을 기울이고 있었다. 「84 여름 청송캠프」를 주동했던 연세대 학도호국단 학생장 이성헌과 그를 숨겨주었다는 이유로 송영길 총학생회장을 현상금에 붙였다.

필자는 학생 수 대로 유리컵에 얼음을 넣고 손수 제자들의 술잔을 만든다. '연세대 총학생회를 위하여!' 그리고 「연세찬가」와 「아카라카」로 흥을 부른다. 오늘 밤에 자네들 전부를 취하게 해줄 만큼 술은 준비되어 있으니, 마음 푹 놓고 마시게나. 우리아파트 입구에 '보초병'은 있겠지?

"예, 누구누구가 야구방망이 지참하고 망을 보고 있습니다. 두어 시간

후면 누구누구와 교대할 것입니다. 처장님, 안심하셔도 됩니다."

떡국과 반찬이 나온다. 응접실에 어깨를 맞대고 학생들이 빼곡히 들어찼지만 여기가 바로 젊음의 광장이요, 열린 대화의 장 아고라(Agora)다. 혈기왕성하여 맨 주먹으로 범이라도 상대할 것 같지만, 아직은 청년일 뿐이다. 기껏 술 한두 잔에 얼굴이 붉어진다. 학생들은 운동노래에서부터 개사곡, 가요들을 합창한다. 천진난만한 모습을 보며 누가 저들을 최루탄 속으로 몰아넣으며, 민주화투사로 만든단 말인가, 하는 생각이 들 때는 가슴이 답답하였다.

때로는 부엌에서 바삐 돌아가는 아내에게 노래 한 곡을 청할 때도 있다. 안사람은 평소에 취미로 시(詩)를 외워왔는데, 학생들이 좋아할만한 연애시나 서정시를 외울 때면 학생들이 즐거워하곤 하였다. 학생들이 '아카라카'를 합창하고 집을 떠날 때는 새벽 3시가 가까웠다. 필자가 학생처장직 임기를 끝내고 행정대학원으로 보직을 옮겼을 때도 정초면 연세대의 영재들은 무리지어 찾아오곤 했었다.

2 총학생회와 학생연합 투쟁(1985)

1985학년도 봄 학기를 앞두고 제12대 총선(85.2.12)으로 학원가는 술렁이기 시작하였다. 1985년 1월 29일, 연세대에서 서울지역 6개 대학 학생 1,000여명이 '민주총선쟁취 연합시위'를 벌려 신민당에 유리한 선거분위기를 조성하려하였다. 연초부터 학생운동이 예사로울 것 같지 않은 조짐이었다. 1985년도에는 학생민주화투쟁조직이 우후죽순처럼 결성되는 해였다.

민주화추진협의회(민추협)는 김영삼의 상도동계와 김대중의 동교동계가 합의하여 이루어졌다. 민추협에 의해 1985년 1월 18일 신한민주당(신민당)이 출범하였다. 그간 미국에서 체류하던 김대중 씨가 선거직전에 귀국하여 신민당에 활기를 불어넣었다. 1985년 2월 12일 총선에서 신민당은 수도권에서 괄목할만한 성과를 거두어 민한당을 제치고 제1야당이 되었다. 김영삼과 김대중은 민추협의 공동의장이 되었으며, 민추협은 직선제 개헌운동에 선두역할을 담당하게 된다. 이러한 정치적 기류는 학생민주화투쟁에도 탄력을 불어넣게 되었다.

1985년에 전국대학 총학생회 연대투쟁조직인 전국학생총연합(전학련)을 결성하고, 산하에 삼민투위(三民鬪委)를 두었다. 전학련은 반군부독재투쟁과 반미운동을 동시에 펼쳐나간다. 전학련 삼민투위는 5월에「서울 미문화원점거농성」을 주도하고, 전국대학에서 교내시위와 가두투쟁을 적극적으로 추진했다. 군부정권은 학생시위 근절을 위해 '학원 안정법 시안(試案)'을 발표하기에 이른다. 그러나 학생들과 야당세력 그리고 재야투쟁세력의 강력한 반대에 부딪혀 학원안정법을 유보하게 된다.

학생들은 학생자치활동을 감시하고 규제하는데 대한 불만이 많았다. 지난해 학생들이 민주적으로 선출한 총학생회회장단과 총학생회를 문교부가 공식적으로 인정해 줄 것을 요구해왔다. 결국 1985년도 1학기에 총학생회를 인정했지만 총학생회장단 후보 자격과 총학생회 회칙이 지나치게 까다롭고 규제사항이 많아서 많은 진통을 겪었다. 그때마다 학생들의 정부 '학원자율화 조치'에 대한 불신이 커져갔다.

1985년에 전학련 삼민투위는 노학연대(勞學連帶)를 형성하여 노동운동을 적극적으로 지원하였다. 군부정권의 학원자율화 정책으로 학생운동이 활성화되어 대 정부 연합투쟁은 극대화하게 된다. 전두환 정권은 특히 삼민투위의 노학연대 투쟁에 대하여 신경을 곤두세웠다.

1985년 6월에 구로동맹파업이 일어났다. 구로동맹파업의 배후에는 지난 수년간 학생운동 출신인 학출들이 있었다. 9월에는 노동자와 농민, 그리고 청년들로 구성된 민중민주운동협의회(민민협)와 민주·통일 국민회의(국민회의)가 결합하여 민주통일민중운동연합(민통련)을 발족하였다. 민통련은 전국적 민주화운동연합체로 민주항쟁을 주도하는 단체 중의 하나가 된다. 1985년 후반부터 대통령직선제 개헌문제가 본격적으로 거론되었다.

이장에서는 1980년대 학생민주화운동의 특징과 변화과정을 논의하고, 지난 민주화운동의 이념과 투쟁전술을 비교·분석하였다. 이념과 투쟁전술이란 1984년경부터 운동권학생들 간에 벌였던 사회변혁논쟁(사회구성체 논쟁 또는 CNP논쟁)을 말한다. 사회구성체 논쟁은 1984년에 들어 민청련그룹 내에서 처음으로 토론되었던 것인데 향후 학생운동 정파의 이념과 전술 그리고 목표로 작용하게 된다.

1985년 5월은 연세대 개교100주년 기념행사의 달이다. 필자는 5월에 총학생회 간부들과 자주 간담회를 열고 학생들을 설득하기 위하여 전력을 다했다. 5월 100주년 기념 축제 기간 중에 연세대에서 연합집회 등을 자제해 줄 것을 당부하였다. 1985년은 필자에게 특별히 중요한 해 이기도 하였다. 전국대학 학생처장협의회회장 일을 하게 되었으며, 개인적으로는 한국국제정치학회 회장 직무를 수행하게 된 해였다.

1. 신입생 오리엔테이션(Orientation)

1985학년도 연세대 총학생회회장은 정태근(경제), 부 총학생회장은 서원석(사학)군이 선출되었다. 연세대 총학생회는 1985학년도 새 학기가 시작하자 함석헌 선생의 초청강연 '생각하는 백성이라야 산다'와 문익환 목사의 '분단의 아픔이여'란 제하의 강연 등을 계획하면서 재빨리 움직였다. '신입생을 환영하며'라는 유인물이 오리엔테이션 기간을 겨냥하여 학원 내에 배포되었다.

매년 2월 신입생 입학식 날은 신입생과 학부모가 함께하는 자리이다. 연세대학교는 기독교 대학이기에 색다른 학풍을 느낄 수 있다. 학교가 주관하는 행사는 예배 보는 형식이기에 엄숙하고 성스럽다. 신입생 오리엔테이션 때에 학생처 소관의 업무를 학생들에게 대충 소개하는 순서가 있었다.

학생처는 학생들을 처벌하는 곳 아니다!

신입생 오리엔테이션 때 대학생활에 필요한 정보와 제반문제를 상의하고 도움을 청할 곳이 학생처임을 알려주었다. 필자는 첫째로 "학생처는 학생들을 처벌하는 곳이 아니다" 라고 했을 때 학부모와 신입생들은 일시에 폭소를 터뜨렸다. "여러분 앞에선 본인도 지금으로부터 약30년 전에 시골에서 올라온 부모님과 함께 지금 신입생여러분이 앉아 있는 이 자리에 앉아있었다"라고 했을 때 학생들과 학부모들은 큰 박수로 맞아주었다.

학생복지문제와 장학금, 아르바이트 등에 대하여 상의하고 문의할 곳도 학생처임을 간략하게 설명하였다. 학생처에는 학생과와 장학복지과가 있는데, 학생과는 학생생활지도를 주로 담당하고, 장학복지과는 장학금과 졸업 후 취업알선을 관리한다. 1981년부터 졸업정원제로 학생 수가 30%증원되었다. 첫 졸업생이 배출되는 1985년부터는 졸업생 수가 전국에서 늘어날 예정이어서 취업경쟁률도 어려워질 전망이었다.

필자는 당시 임충규(정치외교, 84)군에게 외부장학금을 소개해 준 일이 있었다. 임군은 어려운 경제상황에서 학업을 계속할 수 있었던 것에 대한 고마움을 기억하고, 4반세기 후에 자신의 직장퇴직금을 모교에 장학금으로 내놓았다. 그리하여 '정진위 장학금'이란 이름하에 정치외교학과 학생에게 매학기 증여하고 있다. 이보다 더 큰 보은은 없을것 같다.

학생처에 취업 및 정보 담당관제 신설

어려워 질 상황에 대비하기 위하여 전국에서 처음으로 학생처 장학복지과에 학생들의 취업알선을 담당하는 담당관제를 신설하였다. 1980년대 초기만 하더라도 취업난이 거의 없었다. 지금 생각하면 꿈같은 소리이다. 졸업 후 취업을 위하여 학생처 취업담당관을 찾아가 상담하라는 것을 일러주었다.

학생들의 취업알선을 효율적으로 하기 위하여 장학복지과 내에 정보수집 담당관을 두었다. 일차적으로 전국 주요기관과 대기업과 중소기업 등을 컴퓨터에 입력 시키고, 필요한 모든 정보를 수집, 비교함으로써 취업기초정보 인프라를 구축하게 하였다. 학생취업에 많은 도움이 되었다. 그리고 취업정보를 신속히 제공하기 위하여 학생회관 앞에 취업보도판을 설치하였다. 그 당시에는 획기적인 일로 전국 대학과 취업전문센터에서 연세대 학생처 취업담당관에게 컨설팅 문의가 자주 있었다.

학생처와 총학생회 학생복지부가 공동으로 학생소비조합을 운영하였다. 학생복지 이익금 중 매년 정한 액수를 총학생회 장학기금으로 적립하고, 나머지는 학내복지시설에 투자하였다. 학생소비조합에서 수십 명의 학생들이 근로 장학생으로 아르바이트를 하였다. 연세대에서 시작한 학생소비조합은 전국대학으로 확산되었다.

학교 · 학부모 · 학생, 긴밀한 연대관계를…

학생들은 학부모들의 보살핌을 벗어나는 차원에서 불안하고, 부모님들은 자식들이 처음으로 부모를 떠나 생활하게 됨으로 우려되는 점도 있다. 대학생활의 규칙과 대학 내의 생활에 관심이 가장 잘 모아지는 시점이 신입생오리엔테이션 때다. 현시국과 관련하여 학교당국과 학부모가 긴밀한 연대관계 속에서 학생들을 지도해야 한다는 점을 강조하며, 적극적으로 협조해 줄 것을 간곡히 당부한다. 대학생교련교육은 1학년 때 문무대 병영집체교육, 그리고 2학년 때 전방훈련교육을 받는다는 것에 대하여 간략히 설명해 준다.

대학시절은 '자아정체감 형성'시기로서 전문지식과 함께 장래 직업에 대한 고민을 하며 대학시절을 잘 보내야, 대학원 진학, 취업, 유학, 고시 등을 성공적으로 추진할 수가 있다. 고등학교까지는 부모님들이 지대한 관심과 애정으로 보살펴 주고, 학교 담임선생님과 상담도 자주 하지만, 일단 대학에 입학하면 부모의 역할이 일차적으로 끝났다고 생각하는 분이 많다. 그리하여 입학식 때와 졸업식 때만 참석하면 되는 걸로 여기는 것 같다. 실은 대학시절이 고등학교 때 보다 자녀에게 더 관심을 쏟을 때라고 강조했을 때, 학부모들은 의아해하는 표정이었다.

4년 동안에 적어도 3명의 교수님을 사귀어라

학생들은 4년 동안에 최소한 3분의 교수님과 친하게 지내라고 했다. 학생의 장래에 대해 상담할 수 있는 교수를 사귀는 것은 필수적이다. 장래를 결정하는 중차대한 문제를 논의하고 도움을 받아야 할 분은 교수이다. 결혼주례를 부탁할 경우도 있으며, 졸업 후 취직하거나 외국 유학을 갈 때도 교수님의 추천서가 필요하다고 했을 때 학부모님들의 표정은 진지해졌다.

서클활동은 2학기부터 가입하도록…

신입생들에게 서클(동아리)가입은 2학기 혹은 그 이후에 하라고 일러둔다. 대학은 매사가 각자의 선택(수강신청 등)에 의하여 생활이 짜여 진다. 사람은 자유를 얻은 후 약간의 시간이 경과하지 않으면 자유를 쓸 방법을 알지 못한다고 했다. 대학생이 되었다고 하여 하루아침에 자유인이라 할 수는 없다.

먹물을 가까이하면 옷에 묻기 쉽다는 '근묵자흑(近墨者黑)'이란 말도 있다. 운동서클에 단지 호기심으로 가입했다가 대학생활을 제대로 시작하기도 전에 시위에 가담하는 예가 허다하다. 통계적으로 이념교육은 신입생이 되고 2~3개월 안에 가장 많이 이루어진다. 대학 측에서 준비한 '신입생을 환영하며'란 유인물에 있는 내용의 일부이다.

> 여러분은 이제 한국을 이끌고 나아갈 역군이며, 한국을 새롭게 해야 할 대학인입니다. 대학은 주입식 교육이나 지배자의 일방적인 이데올로기 교육의 장이 될 수 없으며, 자신의 출세나 안일만을 위해 자격증을 받기위한 기능인 양성소일 수도 없습니다. 대학은 진리를 탐구하며, 민족의 전통을 계승 발전시키고, 현재의 이론들이 현실에 과연 타당한가를 비판하며, 현실의 문제를 해결하기 위한 창조적인 이론을 연구하는 장입니다.

이론적으로 타당한 말이다. 하지만 방금 고등학교 교문을 벗어난 학생들이 몹시 어수선한 시국을 대할 때 그들이 현실의 문제를 해결하기 위하여 할 수 있는 일이 무엇이란 말인가. 1980년대를 놓고 본다면 당장 운동권선배들이 부르짖는 사회주의 이론에 대해 신입생들이 알고 있는 지식이나 이해의 폭은 좁다. 보수와 진보에 대한 인식조차 아직 뚜렷하게 서 있지 않기 때문이다.

총학생회와 문교부 5원칙

1985년도 대학가는 지난 1년간 문교부와 신경전을 펼쳐오던 총학생회가 정착하게 된다. 문교부는 총학생회에 대한 '5원칙'을 발표하였다. 총학생회의 5원칙은 학생들의 정치활동 금지, 지도위원회 설치, 학생회비 집행의 지도감독, 학생대표의 피선자격 제한과 학생대표의 교수회의 참석불허 등이다.

문교부가 규정한 총학생회장 피선자격 기준은 5학기 등록을 마친 자, 품행이 방정하고, 지휘통솔력이 있는자로서 전 학년도 성적평균이 B학점(80점) 이상인자로 한다. 징계 또는 유급을 받은 사실이 없는 자, 출석상황이 양호한 자, 4학년이 아닌 자로 한다고 규정돼 있었다.

전국대학 총학생회 측은 문교부에 일제히 반기를 들었다. 학생들은 총학생회규칙을 별도로 만들었다. 총학생회장 피선자격 기준은 6학기 등록을 필한자로서 70학점이상 취득자로 하며, 학생회비 징수·관리는 총학생회장과 운영위원회의 승인을 받는 것으로 했다. 회칙은 대의원회에서 승인하고 총학생회장이 공표한다는 것이었다.

총학생회는 '우리의 입장'이란 7개 조항을 내놓았다. 내용은 총학생회 활동 절대보장, 학생대표 자격요건 철회, 학생자치활동 대학지도위원회 폐지, 예산집행의 자율성 보장, 대학의 비판기능 보장, 교무위원회에 학생대표 참석, 그리고 학생들이 직접선거한 학생회회장단은 인정되어야 한다는 것이었다.

2. 연세대 창립 100주년

창립 100주년 기념식은 1985년 5월 11일 노천극장에서 열렸다. 연세대총학생회와 서클연합은 창립100주년을 맞아 학술제, 문화제, 민속제, 체육제, 마라톤, 전시회 등의 다채로운 행사를 마련하였다. 총학생회장 정태근은 창립 100주년 무악축전 팸플릿「민족·민주 그리고 연세」에서 "5월은 우리에게 또 다른 의미에서 치솟는 젊음과 정의에 대한 열정을 요구합니다. …이제 우리는 연세 한 세기의 획을 긋고, 새로운 자세와 열기로 힘차게 전진해 가야하며, 이번 무악 축전이 그러한 '터'가 되길 바랍니다" 라고 했다.

학생들은 5월 11일, 노천극장에서 5,000명이 모여 창립기념식을 갖은 후, 1,000여명이 마라톤 경주를 하였다. 학생 500여 명은 청송대에서 YBS 방송제인 '숲속의 향연'을 열었다. 오후에는 대동놀이를 펼쳤고, 밤에는 캠프파이어를 한 후 마무리 하였다.

연세대학교와 광혜원(廣惠院)

우리나라가 구한말 쇄국정치로 대문에 빗장을 걸어두고 당파싸움에 몰두할 즈음, 억불숭유(抑佛崇儒)정책으로 유생은 많았지만 국민의 대부분은 문맹이었다. 이러한 암흑기에 미국의 개신교 선교사요 외과의사인 알렌(Horace N. Allen)이 1884년 9월에 조선에 와서 고종의 인정을 받아 조선최초의 서양식병원인 광혜원(廣惠院, 1885.4.14) 진료소를 개설하고, 이름을 제중원(濟衆院)으로 하였는데 이는 연세대학교 의과대학의 전신이다. 연세대학교는 1915년에 미국 북 장로교회 초대선교사인 언더우드(Horace G. Underwood)가 조선기독대학(Chosun Christian College)

을 설립함으로 시작되었으며, 1923년에 연희전문학교로 개명하였다. 해방 후 1946년에 연희대학교가 되었고, 국내 최초로 남녀공학을 실시하였다. 1957년 1월 5일에 연희대학교와 세브란스 의과대학이 통합하여 연세대학교가 되었다. 조선이 일본의 통치하에 있을 때 쓴 연세대 창립자「언더우드 기도문」의 일부를 옮겨본다.

「보이지 않는 조선의 마음」

주여! 지금은 아무것도 보이지 않습니다.

주님, 마르고 가난한 땅

나무 한 그루 시원하게 자라 오르지 못하고 있는 땅에

저희들을 옮겨와 심으셨습니다.

…

보이는 것은 고집스럽게 얼룩진 어둠뿐입니다.

어둠과 가난과 인습에 묶여 있는 조선사람 뿐입니다.

그들은 왜 묶여 있는지도, 고통이라는 것도 모르고 있습니다.

고통을 고통인줄 모르는 자에게 고통을 벗겨주겠다 하면

의심부터하고 화부터 냅니다.

…

지금은 예배를 드릴 예배당도 없고

그저 경계의 의심과 멸시와 천대함이 가득한 곳이지만

이곳이 머지않아 은총의 땅이 되리라는 것을 믿습니다.

주여! 오직 제 믿음을 붙잡아 주소서!

연세대학교의 전통

연세대학교의 교훈은 '진리와 자유'이다. 이는 성경 요한복음 8장 31절~32절의 '너희가 내 말에 거하면 참 내 제자가 되고 진리를 알지니 진리가 너희를 자유케 하리라'에서 유래했다. 연세대학교의 상징은 독수리와 푸른색이다. 독수리는 푸른창공을 관장하는 새이다. 푸른색은 하늘, 창공, 우주를 뜻하기도 하며, 냉철한 지성과 참된이상과 희망을 상징한다. 연세의 상징인 독수리와 푸른색은 진리와 자유를 의미한다.

연세대학교는 명당자리인 무악(毋岳)에 위치하고 있다. 그래서 연세대의 5월 대동제와 축제를 '무악대동제'라 명했다. 태조 이성계가 조선을 개국했을 때 도읍지를 두고 풍수지리사인 무학대사는 충남 계룡산과 서울시의 서쪽에 자리한 인왕산(仁王山)을 추천했고, 정도전(鄭道傳)은 북악산을 주장했다. 북악에는 현재 청와대가, 북악의 앞자락에는 경복궁이 자리하고 있다. 그런가하면 태종(이방원)을 보필했던 하륜(河倫) 영의정은 무악(毋岳)을 명당으로 보았다. 무악은 산세가 높고 터가 넓지는 않지만 태종과 하륜이 찬양했던 곳으로 왕궁 터가 될 번한 명당자리이기도 하다.

연세인의 정서 속에는 '하늘과 바람과 별과 詩'가 흐른다고 말하고 싶다. 연세대 교문을 들어서 가다보면 백양로(白楊路) 왼쪽 교정의 작은 언덕, 핀슨관(Pinson Hall) 앞에 윤동주의 「서시(序詩)」비가 있다. 또한 연세 교정에서 '별과 바람과 하늘과 풀'을 노래한 이양하 교수가 계셨다. 이양하의 수필 「신록예찬」은 교정 청송대(聽松臺) 어디쯤에서 쓰셨다. 「서시」와 「신록예찬」중의 한 구절이다.

…

별을 노래하는 마음으로

모든 죽어가는 것을 사랑해야지

그리고 나한테 주어진 길을

걸어가야겠다.

오늘 밤에도 별이 바람에 스치운다.

(윤동주의 「서시」 중에서)

… 신록을 대하고 있으면, 신록은 먼저 나의 눈을 씻고, 나의 머리를 씻고, 나의 가슴을 씻고, 다음에 나의 마음의 구석구석을 하나하나 씻어낸다. 그리고 나의 마음의 모든 티끌, 나의 모든 욕망과 굴욕과 고통과 곤란이 하나하나 사라지는 다음 순간, 별과 바람과 하늘과 풀이 그의 기쁨과 노래를 가지고 나의 빈 머리에, 가슴에, 마음에 고이고이 들어앉는다. …

(이양하의 「신록예찬」 중에서)

해방 후 연세대학교의 초대총장은 용재 백낙준(1895~1985)박사였다. 백낙준 총장은 연세의 정신을 '진리와 자유'로 정하였고, 홍익인간(弘益人間)을 교육의 이념으로 삼았다. 연세(延世)란 세계로 나아감을 뜻하며, 무한한 발전과 전진의 상징이다. 연세대학교는 후학들이 학문적 열의와 겨레사랑의 정신을 본받기 위하여 정인보, 최현배, 김윤경, 홍이섭 선생의 흉상을 연세대 교정에 세웠다. 필자가 연세대학교에 입학했을 당시에는 주시경(周時經)선생의 뒤를 이은 한글사랑이 곧 나라사랑이라고 하신 한글학자 외솔 최현배(崔鉉培), 우리말 글 교육의 큰 스승 한결 김윤경(金允經) 교수가 계셨다. 1946년에 『조선사 연구』를 저술한 위당 정인보

(鄭寅普)선생은 일제강점기에 연희전문학교 국사학교수였으며, 연세대는 국내에서 가장먼저 국학연구소를 설립하였다. 정인보선생의 학문을 계승발전시킨 홍이섭 선생은 국학의 기초를 공고히 다지셨다. 연세대는 1959년 4월1일에 한국어학당을 설립하였다. 연세대 백양로로 들어가자면 왼쪽에「한글탑」이 세워져(1992.5.9) 있다. 지난 1세기 동안 복음·의술·교육·연구로 한국의 근대화에 견인차역할을 해온 연세대학교는 1985년 희망의 또 한 세기를 향해 내딛는 축복의 모멘트에 섰다.

연세창립 100주년 기념사업회가 1982년 4월에 발족하였다. 1985년 4~5월에는 각종 축제행사가 줄지어 잡혀 있었다. 1985년 4월 10일에는「광혜원」개원 100주년 기념 자축회를 교내 교수들 중심으로 개최하였다. 100주년 기념 상징마크를 확정지었으며,『연세대학교 소장 외국학술잡지 종합목록』을 1,100부 발간하였다. 100주년 기념행사의 일환으로「개화기의 과학교육과 연희전문학교의 역할」의 주제로 강연회를 가졌다.

100주년기념우표 19만 매를 체신부를 통해 발행하였고, 한국조폐공사는 100주년 기념메달 1,000개를 제작(1985. 5. 1)하였다. 100주년 기념관은 1985년 5월 11일에 기공하여 1988년 3월 3일에 봉헌되었다. 연세대는 1977년 11월 30일에 국내최대 천체망원경을 도입하였고, 과학관 옥상에 천문대 돔을 설치했으며, 1985년 9월 23일에는 연세대 천문대에서 핼리혜성의 국내최초 사진검출에 성공하였다.

국립극장에서 연세대 창립100주년 음악회가 열렸다. 음악회는 국내 6개 지역(원주, 대전, 전주, 진주, 대구, 부산), 미국 8개 지역, 그리고 동남아 2개 지역(홍콩, 대만)을 순회 공연하였다. 1985년 12월에는『연세대학교 100년사』 2,000부를 발행하였고, 김학수 화백이 기증한 예수의 일생 36점 성화전시회가 루스채플(Luce Chapel)에서 열렸다.

연세대 100주년 기념행사의 일환으로 기념관 앞에 타임캡슐(Time Capsule)을 매설하였다. 이는 창립 200주년 기념일인 2085년 개봉할 예정이다. 또한 필자가 책임자였던 '연세 21세기 계획 추진위원회'는 연세대 21세기 통합발전계획을 책으로 『진리와 자유·미래로 세계로』를 발간했다. 연세대학교가 다음 100년을 향하는 시점에서 세운 종합발전계획이었다. '종합적인 대학발전 계획서'의 발간은 대한민국 대학사상 처음이었다.

3. 전학련(全學聯) 삼민투위(三民鬪委)

1985년 4월 17일, 고려대에서 전국 62개 대학 학생 2,000여 명이 모여 전국학생총연합(전학련)을 출범시켰다. 전학련은 MC(일반재학생 주류, Main Current)·MT(민주화투쟁 단체)를 총집결한 학생운동세력이며, 민족통일·민주쟁취·민중해방을 슬로건으로 내걸고 민중민주주의(PD)를 기본노선으로 하였다.

전학련은 '백만 청년학도에게 고함'이란 창립선언문을 발표하였다. 선언문에서 "5월 광주민주항쟁 등 죽음 같은 지난세월에 주체할 수 없는 분노로 반역사적인 정권에 정당한 심판을 내리고, 통일 민주 조국의 건설을 위해 장엄한 투쟁의 대열을 형성하여 지체 없는 투쟁의식을 드높이기 위해 전학련을 창립한다"고 밝혔다. 전학련은 산하에 반외세 민족수호 특별위원회, 민중생존권수호 특별위원회, 그리고 삼민투위를 두었다.

삼민투위는 민족통일·민중해방·민주쟁취투쟁위원회의 약칭이다. 삼민투위는 산하에 노동문제 투쟁위원회, 민주화투쟁위원회, 홍보위원회, 그리고 대학간 연락책 등을 두었다. 삼민투위의 투쟁이념과 목표는 반외세 민족자주통일을 쟁취하고, 매판정권을 타도하여 민중해방을 이룬다는 것이다. 삼민투위 내에는 '광주학살 진상규명위원회,' '광주학살 원흉처단위원회,' '광주민중항쟁계승위원회'를 두었다. 전학련 의장은 김민석(서울대 총학생회장), 부의장 4명, 선전국장 정태근(연세대 총학생회장)이었다. 전학련 삼민투위 공동위원장은 허인회(고려대), 함운경(서울대), 정태근(연세대), 고진화(성균관대)가 맡았다.

1985년에 전학련 학생운동조직들은 정파 분열이 생기기 전에는 함께 민중민주운동(PD)을 펼친다. 전두환 대통령의 방미일정을 앞두고 삼민투위가 주동이 되어 매국방미 결사반대·수입개방 결사반대·경제종속 결사반대·군부독재 퇴진 등을 외쳤다. 전학련은 「4·19 묘역」에서 기념식을 가진 후 가두시위를 벌였다. 5월 8일에는 서울대에서 경인지구 22개 대학 연합집회를 열고, 지하신문 「해방 전선」 제2호를 2만부 제작 배포하였다. 5월 14일, 연세대 중앙도서관 앞에서 서울소재 12개 대학 학생 1,500여명이 전학련3차 보고대회를 열었다. 그리고 5월 23일, 경희대에서 광주항쟁 학살진상규명 집회를 열어 광주항쟁 진상보고를 하였다.

서울대 학생운동 지도조직인 민주화추진위원회(민추위)는 전학련 삼민투위 조직에 의하여 발족하였다. 민추위는 1984년 11월에 MT계열의 투사적인 멤버들로 결성되었다. 민추위는 노학연대를 통해 구로연대동맹파업을 주도한 대우어패럴에 동조시위 하였고, 청계피복노조 합법성 쟁취 때 연계투쟁 하였다. 검찰은 1985년 7월에 민추위를 이적단체로 지목하고, 치안본부에 「깃발」 전담반을 설치하여 민추위 관련자를 집중 수배하였다. 「깃발」은 학생들의 활동과 운동방법, 그리고 현 정치상황 등을 평가하고 분석한 신문형태의 간행물이었다. 민추위 핵심간부 26명이 국가보안법 위반혐의로 구속되었다.

민추위 관련자들 대부분은 고문을 받은 것으로 알려졌다. 이 사건의 수배·수사 기간 동안에 김근태의 고문사건이 일어났다. 전 민청련의장 김근태는 민추위 위원장 문용식에게 민족민주혁명(NDR) 이념교육을 시켰다고 몰아붙여 혹독한 고문을 당했다. 이를 계기로 1985년 10월에는 '고문 및 용공조작저지 공동대책위원회'를 구성하게 되었다.

이 시기에 재야민주화운동의 핵심역할을 하게 될 거대한 투쟁조직인 민주통일민중운동연합(민통련)이 결성되었다. 민통련은 1985년 3월에 민주·통일 국민회의(국민회의)와 민중민주운동협의회가 연합하였고, 9월에 민청련과 종로5가 기독교운동단체가 추가로 편입되어 거대한 조직으로 출범하였다. 기관지「민주통일」과「민중의 소리」를 통해 지방의 노동자단체와 농민단체와도 연계하였다. 그리하여 농축산물 수입반대 시위와 소몰이 투쟁, 철거민반대투쟁 등을 펼쳤다. 민추협, 민청련, 민추위, 전학련 삼민투, 재야세력 민통련 등은 유대관계를 맺고 군부정권을 압박해 들어갔다.

문교부는 1985년에는 지난해보다 학생들의 불법집회가 두 배로 증가하였고, 투쟁방법이 극렬해졌다고 지적하였다. 따라서 문교부는 전교직원 비상근무 체제를 확립하고, 당직근무를 배로 확대할 것을 당부하였다. 각 대학마다 운동권학생을 특별지도하고, 결과를 문교부에 보고하라고 하였다. 이때 매스컴에서는 교수의 권위를 확보해야 한다는 목소리가 나왔다. 1985년 7월 25일자『조선일보』사설내용의 일부이다.

> 문교당국은 학생처벌에 신중성과 중용적인 원칙에서 배려해야 한다. 또한 대학의 자율을 말하면서도 대학의 운영과 학사행정에 대해서는 사사건건 간섭

하고, 시달을 하는 구습을 답습하고 있다. 분명한 것은 대학이 권위를 지키지 못하는 이유가 대학 내에 있지 않고, 대학밖에 있다. 오늘의 대학의 문제를 교수와 학생간의 문제로만 파악해서는 문제를 해결 할 수 없다.

4. 학출과 노학연대

이 장에서는 학생운동출신 노동운동가(학출)들이 노동운동에 미친 영향과 노학연대 활동을 간략하게 짚어보고자한다. 학생운동세력은 1985년부터 전국 대학 연합투쟁조직인 삼민투위를 만들어 민중민주(PD)운동을 강력하게 추진해 나갔다. PD계열은 우리나라에서는 재벌이 국가와 결탁하여 자본을 독점 하고 있다고 했다. 그리하여 우리사회의 계급모순을 타파하기 위하여 학생운동권은 노동운동을 지지·지원하였다.

1970~80년대 '시다' 혹은 '기계공'으로 위장 취업한 학출들은 야학이나 소규모 모임 등을 통해 노동자들을 의식화하기 시작하였다. 학출들은 노동의 역사와 노동조합에 관한 이론, 마르크스주의, 노동해방문학 등의 서적을 함께 읽고 연구하였다. 더불어 학출들은 신규노조결성과 노조 간의 교류 및 연대강화를 도모하였다. 그리하여 임금인상과 근로환경 개선을 위한 연대파업을 통해 재벌기업에 맞설 수 있는 정치세력 결성 등을 지원하였다.

구로공단의 학출에는 서울대 선후배 사이인 김문수(서울대 경영, 70)와 심상정(서울대 사회교육, 78)도 포함돼 있었다. 김문수와 심상정은 정치적 노동운동을 하기위해 구로연대파업 해고자와 지식인 출신 노동운동가들을 결집하여 1985년에 서울지역노동운동연합(서노련)을 결성하였고, 「서노련 신문」을 발간하여 노동자들의 정치적 의식을 북돋우었다. 서노련의 창립선언문에는 "노동자가 우리민족의 역사를 창조하는 진정한 주인이며, 노동자가 억압받지 않는 사회를 건설하는 것이야말로 노동운동의 궁극적인 과제임을 선언한다"라고 밝혔다. 그리고 부연하기를 "군부독재정권은 외세를 등에 업고, 독점재벌과 결탁하며, 농수산물 수입정책과 임금동결정책을 강행한다"라고 규탄하였다. 정부는 서노련을 이적단체로 지목하였다.

1985년 6월에 「6.25 전쟁」이후 최조의 동맹파업인 구로연대파업이 일어났다. 경찰은 구로연대파업은 불법이었다며 대우어패럴 위원장 등 노조간부 3명을 구속하였다. 6월 24일부터 구속자 석방과 부당해고자 복직, 노동3권(근로기준법·노동조합법 ·노동쟁의 조정법)보장, 악법철폐, 최저생계비 보장, 노동조건개선을 요구하며 구로공단 4개 업체에서 1,320여 명이 연대파업에 들어갔다. 다음날 3개 업체 650여 명이 동조 파업하였다.

6월 26일에는 민통련 등 22개 운동권 단체가 구로노동자 석방을 요구하며 민주노조 지지성명을 하였다. 서울 소재 전학련 소속 학생대표 200여 명은 구로공단에서 노조탄압 중지를 요구하며 시위를 하였고, 기독교단체와 가톨릭단체 그리고 민중불교 단체도 동조시위를 하였다. 이 사건으로 구속자 43명, 불구속 38명, 구류 47명, 그리고 7백여 명이 해고당했다. 연행자 중에는 '학출'들과 민주화운동 관련자들도 포함되었다.

구로공단의 정식명칭은 '한국수출산업공업단지'였다. 1967년 4월 1일에 준공되었으며, 주력산업은 섬유, 봉제, 가발 등 경공업으로 근로자의 절반이상이 여성이었다. 이들은 아침 7시 반부터 밤 10시까지 일을 하여 한강의 기적을 이룬 희생세대였다. 1970년대 후반에는 약 11만 명이 이곳에서 일을 한 국가산업단지였다. 1980년대부터 재벌들이 주도하는 중공업단지로 바뀌었다. 2000년대에 들어서는 산업구조의 변경으로 구로디지털단지가 되었다.

1985년 9월 5일, 삼민투위 소속 서울시내 6개 대학학생 1,000여 명은 고려대에서 민중민주운동 선언대회를 열고 연합시위를 하였다. 9월 24일과 26일에는 서울시내 6개 대학 학생 2,000여 명이 연세대에서 삼민헌법쟁취와 수입개방 압력 철회, 농가부채 탕감 등을 요구하는 시위를 벌였다. 1985년을 전후하여 정부는 농촌에 융자금을 지원하며 소 사육을 권장했다. 그러나 사료곡물가격이 폭등하여 소 사육을 기피하면서 축산물의 공급이 수요를 감당하지 못하여 정부는 소고기를 수입하게 되었다. 그에 따른 소 값 하락으로 농가부채가 늘어나자 농민단체는 우루과이라운드 협상 반대시위를 하였고, 학생들은 이에 동참하였다.

1985년 10월 8일에는 서울시내 12개 대학 학생 2,800여 명이 교내에서 외채정권 규탄대회를 열었다. 1979년 말 우리나라의 총외채는 203억 달러였는데, 1985년 말에는 468억 달러로 늘어난 것을 규탄한 것이다. 학생들은 국제통화기금(International Monetary Fund, IMF)과 국제부흥개발은행(International Bank for Reconstruction Development, IBRD)의 서울총회(85.10.8~11)개최 때 한국경제를 압살하는 종속경제 타파, 군부독재 타도, IMF·IBRD 결사반대를 외치며 대규모의 가두시위를 하였다.

국제통화기금은 1947년 3월 1일, 미국 워싱턴에서 설립되어 업무를 개시했다. 세계1, 2차 대전 후, 시급한 유럽경제 재건을 위해 1944년 7월에 미국의 브레튼우즈(Bretton Woods)에서 연합국 44개국이 모여 3개의 국제기구를 창설했다. 3개의 기구는 단기성 외화자금을 위한 국제통화기금(IMF), 국제무역기구(International Trade Organization, ITO), 그리고 장기성 개발자금지원을 위한 국제부흥개발은행(IBRD)이었다. 우리나라는 1955년 8월에 IMF에 가입하였다. 1970년대 말까지 우리나라는 수혜국의 입장에서 정책자문과 경제개발에 필요한 중장기개발자금·국제수지적자 보전자금의 상당부분을 지원받았다. 우리나라는 1997년 외환위기 때 IMF로부터 자금지원을 받은 바 있다.

1985년 후반부터 3저(저유가, 저금리, 저환율)현상으로 우리나라의 경제가 호황을 맞았다. 무역수지는 1986년도에 46억 달러, 87년도에 99억 달러, 그리고 88년도엔 142억 달러의 흑자를 기록했다. 무역수지에 큰 흑자를 내자 선진국으로부터 개방 압력이 거세어졌다. 그리하여 1985년도 우리나라의 수입관세율은 21.3%였으나, 1989년도엔 12.7%로 낮아졌다. 수입자율화 비율도 1985년에 87.7%에서 1990년에는 96.3%였다.

1985년 11월 4일, 서울시내 7개 대학학생 14명은 주한 미상공회의소 서울소재 사무실을 점거하고 미국 수입개방요구를 철회하라고 농성하였다. 11월 13일, 전태일 분신 15주기 때 전학련 삼민투위는 청계피복노조를 지원투쟁을 하였다. 11월 21일에는 서울시내 10개 대학 학생 2,000여명이 서울대에서 '독재종식과 제5공화국 헌법철폐 범국민토론대회'를 개최했다.

이 장에서 노동운동의 대 투쟁기인 1987년을 잠시 살펴보기로 한다. 1987년「6.29 선언」으로 학생민주화운동의 구호가 사라진 공간에 '우리는 이제부터다!' 라고 외치며, 민주노동운동이 폭발적으로 분출되었다. 발표 후 7월부터 9월까지 3개월간 노동운동의 대 투쟁기가 시작되었다. 이는 향후 전국노동조합협의회(1990년)를 이뤄내게 된다.

노동운동의 목표는 크게 보아 임금인상과 근로환경개선, 그리고 복지제도의 확립이었다. 노동운동의 임금인상 요구가 50.2%, 노동조건 개선이 24.9%였으며, 그 외 노동조합 결성과 노조민주화를 위한 투쟁이었다. 이 기간 동안에 전체 노동자의 평균 실질임금인상률은 13%에 달했다. 조합원수도 1987년에는 1986년에 비하여 20만 명이 더 늘어났다.

노동투쟁은 울산 현대그룹에서 시작하여 전 업종, 전 지역으로 확산되었다. 1987년에 일어난 노동쟁의는 총 3,748건이었고, 87년 7, 8, 9 3개월 동안에 새로 탄생한 노조는 약 1,060개였다. 그리하여 1986년에 노동조합 2,660여개에서 1987년 말에는 4,100여개로 늘어났다. 그 결과로 일부 노동법이 개정되었고, 집단적 노동관계법 규제가 완화되었으며, 노동자의 인권은 크게 신장되었다. 1988년에 노동쟁의는 1,873건, 89년에는 1,616건이 일어났다.

앞 장에서도 지적했지만 1987년에 노동운동이 폭발적으로 분출한 배후에는 80년대 초반부터 노동현장으로 뛰어든 학출들의 활약이 컸고, 「6월 민주화항쟁」을 통하여 노학연대투쟁을 해 오면서 투쟁문화에도 익숙해졌다. 뿐만 아니라 대학문화는 노동문화에도 영향을 미쳤다. 노동자계층을 대표하는 서노련을 비롯하여 인천지역민주노동자연맹(인민노련)도 이시기에 발족하였다.

체제에 항거하는 노동문화 형성

1980년대 중후반 우리사회 체제에 항거하는 노동문화가 형성되었다. 노동문화는 대학생의 체제비판이나 체제반대시위문화와도 밀접한 관계가 있었다. 1980년대에 학생운동진영에서는 노동자가 사회변혁의 주체로 이해되었기 때문이기도 하다. 노학연대를 통하여 노동자와 학생들은 어느 정도 비슷한 정서와 이념을 공유했다. 그리하여 1960~70년대부터 대학가에 유행하였던 탈춤, 사물놀이, 마당극 등도 노동문화에 반영되었다. 그러나 대학문화 행사나 노동문화 행사에는 정부의 규제가 뒤따랐다. 군부정권은 집시법과 국가보안법을 적용하여 문화 활동을 통제하였다.

1980년대 노동쟁의 때 노동운동 노래패에 의한 노동가요의 확산, 집단적 흥을 돋우는 풍물놀이, 정치풍자나 비판을 우화적으로 표현하는 노동연극공연, 체제에 저항하는 영상매체, 노동문예작품집 등이 생겨났다. 그리하여 노동자의 단결의식을 고취하고, 개사곡을 만들어 투쟁가를 함께 부름으로써 사기를 북돋웠다. 1980년대를 관류하면서 학생들이 부르짖은 '민족해방'과 '노동해방'등은 노동문학에도 영향을 미쳤다. 그리하여 1989년 4월에는『노동해방문학』창간호가 나왔다.

학생노동운동을 조명해 보는 차원에서 1980년대 세계적인 경제추세를 살펴볼 필요가 있다. 1980년대에 세계적인 경제추세는 경제저성장, 무역수지적자, 외채문제 그리고 높은 인플레 등이 겹쳤다. 국제금융기구(IMF·World Bank)들을 통해 외채상환과 재정적 지원을 받더라도, 국가와 기업은 선진국들이 요구하는 신자유주의(New Liberalism) 경제정책을 수용해야 하는 부담이 뒤따랐다.

신자유주의란 정부지출을 감소하고, 감세하며, 분배를 줄이고, 투자를 늘려 경제를 회생시키려는 것이 목적이었다. 신자유주의를 주창한 나라는 영국과 미국 등이었는데 영국의 대처리즘(Thatcherism)과 미국의 레이거노믹스(Reaganomics) 경제정책이 그 예이다. 신자유주의는 경제회생을 목표로 하였으나 빈익빈 부익부의 차이는 더 커졌고, 사회적으로 환경, 윤리, 사회공헌문제 등이 대두됨으로서 대기업의 사회적 책임이 무거워졌다. 그리하여 정부주도 재벌지배구조조정의 필요성이 재기되기 시작하였다.

5. 서울 미문화원 점거농성 (1985.5.23~26)

전학련 삼민투위 소속 학생대표 4명, 함운경(서울대 삼민투 위원장), 박선원(연세대 광주학살원흉처단위원회 위원장), 이정훈(고려대 삼민투 위원장), 고진화(성균관대 삼민투 위원장)는 1985년 5월 16일 성균관대 학생회관에서 모임을 갖고, 서울소재 미문화원 점거농성을 하기로 사전에 치밀한 계획을 세웠다.

1985년 5월 23일, 고려대, 연세대, 서강대, 서울대, 성균관대 삼민투 소속 학생 73명은 「미문화원」의 2층 도서관을 기습 점령하였다. 도서관 내의 사람들을 몰아내고, 도서관 집기로 바리게이트를 쳤다. 이때 각 대학에서는 점거에 성공했다고 교내방송으로 알리고, 유인물 등을 돌리며 지지시위를 하였다.

학생들은 미문화원 창문을 통해 점거농성 목적과 주장을 밝혔다. '반미감정' 때문에 점거한 것은 아니라고 했다. 당시 주한 미국대사 리처드 워커(Richard Walker)는 대화로 문제해결을 시도했다. 점거한지 4시간 만에 주한 미 대사관 정치담당 참사관 해리 던롭(Harry Dunlop)과 대화를 시작하였다. 학생들은 '우리의 주장'을 밝혔다. 한국군의 작전권이 한미연합 사령관에 있고, 한미연합 사령관이 주한미군사령관이다. 미국은 왜 공수특전단과 20사단의 병력을 광주에 투입했나? 미국정부는 광주학살 책임지고 공개 사과하라, 미국은 전두환 독재정권 지원을 중단하라, 미국은 한·미 관계의 올바른 정립을 위해 진지하게 노력하라는 등이었다.

던롭 참사관은 광주사태는 비극이며, 사태의 중요성을 알지만, 광주사태 당시 군 병력 지휘자는 한국 측이었으므로 미국은 책임이 없다고 했다. 워커대사는 24일 오후, 학생들에게 보낸 메시지에서 "5·18 광주민주화운동 당시 연합사령관은 즉각 군 병력의 철수를 한국군 측에 요청했다. 그리고 광주사태는 미국이 사과해야할 성질의 것이 아니다"라고 하였다.

미문화원 주변에는 국내외기자들이 모여들었고, 보도진과 학생들의 필담은 밤새도록 이어졌다. 세계의 이목을 집중시키는데 학생들의 면밀한 계획은 성공하였다. 5월 24일 서울대 삼민투 위원장 함운경이 기자들과 인터뷰한 내용이다. "미국은 우리나라의 해방에 기여했고, 6.25때 참전했으며, 그 후 굳건한 우방이었다. 그러나 5.17 이후 불행히도 변하고 말았다. 미국은 국민 앞에 광주사태를 솔직하게 사과하고, 우리의 민주회복을 진정으로 도와줄 때 올바른 한·미 관계가 이룩된다. 우리는 반미를 하는 것이 아니고, 미국이 우호적인 자세를 견지해 줄 것을 기대한다"라고 했다.

북한은 남한의 학생시위를 호제로 삼아 '마치 한국사회 전체가 반미소요사태에 휘말려 있는 것처럼' 긴급보도로 선동하였다. 미국 측에서는 사과할 기미가 없었고, 학생들은 탈진상태였다. 학생들은 1985년 5월 26일 자진해서 농성을 풀었다. 그때 학생들은 "미국이 우리에게 진정한 우방과 자유세계의 수호자로 인식되기에는 상당한 거리가 있음을 확인하였다"란 말로 감정을 절제하여 표현하였다.

미국 대사관은 학생들을 달래어 내보내기로 하였다. 그들은 건강진단을 위해 경찰차에 의해 병원으로 이송되었다. 이 사건 관련 학생 73명 중 서울대 삼민투 공동 위원장 함운경 포함 8명, 고려대 4명, 연세대 4명, 성균관대 3명, 서강대1명이 학생대표였다. 5월 28일, 25명 구속, 43명 즉심회부, 5명은 훈방되었다. 정부는 삼민투 배후세력을 이적단체로 규정하고, 핵심간부들을 국가보안법 위반혐의로 수배하였다. 미문화원 점거농성을 주도했던 서울대총학생회장, 연세대총학생회장, 고려대총학생회장, 성균관대총학생회장도 이 사건과 연루하여 옥고를 치렀다.

연세대는 총장주제 실처장 회의를 열고 앞으로의 대책을 논의하였다. 학생처장이 관련학생 학부모 8명과 학생처장실에서 면담했으며, 2차에 걸친 긴급 학·처장회의에서 대책을 논의하고 지도방안을 마련하였다. 그리고 연세대에서는 학생들을 보호하기 위하여「학부모 협의회」를 발족하였다. 학생처와 학부모, 그리고 학교당국이 연계하여 학생지도를 하기 위하여 연락망을 개설하였다. 서울, 부산, 대구, 광주 등의 각 지역 책임자를 선임하여 학교 측과 긴밀한 연락을 취하기로 하였다. 연합시위의 아지트인 연세대는 수천명이 몰려드는 곳이라 실로 예측 불허의 불상사에 대비했어야 했었다. 이는 학원 내 사태와 상황이 얼마나 긴박하게 돌아갔는가를 말해준다.

미문화원점거농성 첫 공판이 열렸을 때 법정소란이 일어났다. 피고인들이 법정에 들어서자 구속학생 부모들과 방청객들은 박수를 치며 '미국은 공개 사과하라, 우리는 재판을 거부한다'란 구호를 외쳤다. 그리고 노래를 불렀다. 이 시기에 법정소란은 자주 있었다. 변호인들은 농성동기가 순수했고, 대사관 측이 대화의 자리를 마련하였으며, 미국 측이 처벌을 원치 않는다는 점을 내세워 무죄를 주장 했다. 정부는 법무부 장관을 교체하는 등 강경 대응했으며, 미문화원 사건관련 학생징계가 가벼웠다는 이유로 서울대 총장을 경질하였다.

필자는 1985년에 한국 국제정치학회 회장직을 맡고 있어서 파리 국제학술회의 참석차 잠시 자리를 비웠다.

다음은 1985년 7월 21일자『한국일보』보도내용의 일부분이다.

> …서울대가 서울 미문화원 농성사건 구속학생들에게 무기정학처분을 결정한 이후, 문교부가「징계가 가볍다」며 재 징계를 요구하는 반응을 보이는 가운데 연세대와 서강대 등 다른 대학들도 학생징계 문제를 놓고 큰 홍역을 치르고 있다. 연세대의 경우 일을 도맡아 해오던 정진위 학생처장 마저 파리의 국제정치학회에 참석하느라 자리를 비우고 있어 직원들은 타 학교의 상황을 전화로 일 일이 체크해 보는 등「보조 맞추기」에 고심하는 실정…

미문화원 점거농성 항소2심 공판에서 재판부는 피고인들이 농성과정에서 사람을 인질로 잡거나 방화 등 폭력적인 방법을 행사하지 않았고, 항소1심 때와 달리 법정소란이 없었다는 점 등을 참작하여, 피고인 모두에게 1~2년 낮은 형을 선고했다. 이 사건에 연계된 배후조종을 조사하는 과정에서 전학련 삼민투 소속 19개 대학 학생운동세력의 핵심멤버들이 검거되었다. 56명을 기소하였고, 13명에게는 국가보안법을 적용하였다. 정태근 연세대총학생회장은 미문화원농성 배후조종과 반외세민족수호 투쟁위원회 발대식 등의 혐의를 받고 있었다. 이 사건으로 전학련 삼민투위 조직은 와해되었다.

1984년도에는 시위가 28개 대학에서 일어났는데 대부분 재경 대학들이었다. 그런데 1985년도에는 시위가 56개 대학으로 2배 증가하였고, 지방의 소규모 대학에까지 확산되었다. 전두환 대통령의 방미 반대시위가 많았다. 교문진출 기도, 화염병투척 등의 극렬시위가 많아졌다. 그리고

1985년도에는 총학생회, 전학련, 삼민투위가 주도하는 시위는 전국연합으로 대규모였다.

6. 학원 안정법 시안(試案, 1985.8.5)

1985년 여름방학이 시작되자 전국 111개 대학에서 학생회관을 포함한 학내일원에 비상점검을 실시하였다. 그 결과 42개교에서 유인물, 플래카드, 벽보, 흉기, 최루탄, 화염병, 각목과 과격정치투쟁 유인물 책자 등 6,594점을 회수하였다. 신군부정권은 학원자율화조치와 더불어 운동권학생들의 학내외시위가 급격히 확산되자 교권이 회손되고 사회의 안녕질서가 위협받고 있다고 보았다. 민정당사 점거농성, 민투학련 연합시위, 그리고 서울미문화원 점거 농성 등이 잇따라 일어나자 긴장한 정부는 대학운동권을 제압하기 위하여 '학원안정법'을 제정하기로 했다.

전두환 대통령은 청와대 정무비서진의 제안을 받아들여 안기부에 학원안정법 제정 준비를 지시했다고 알려졌다. 그러나 박철언의 회고록 『바른역사를 위한 증언 Ⅰ』(랜덤하우스중앙, pp. 144~46)에 의하면 학원안정법은 전두환 대통령과 장세동 안기부장의 결심에 의해 추진되었다고 한다. 그리고 청와대, 안기부, 법제처, 법무부와 문교부 요원들로 실무작업반을 구성했다. 이는 삼청교육대에 이어 학생들의 민주화운동을 근절시키려는 법적인 제도마련이었다.

학원안정법은 합숙교육으로 좌경의식화 된 학생을 선도하고, 폭넓은 의식전환교육과 현장학습을 실시한다는 것이었다. 기간은 6개월 이내에서 선도가능성의 정도에 따라 성과가 우수한 자는 기간을 단축할 수 있게 했으며, 선도교육의 기간과 대상자 선정은 문교부에 설치되는 학생선도 교육위원회에서 맡기로 하였다. 교육수료자 혜택으로 선도 교육을 받은 자에 대해서는 학교에서 제적할 수 없도록 했다. 그러나 학원안정법에는 운동권 학생들을 영장 없이 체포해 구금하고 교육시킬 수 있을 뿐만 아니라 과격시위가 자주 일어나는 대학은 교수들도 연대책임을 지도록 하는 내용이었다.

학원안정법 제정 추진이 1985년 7월 25일 『경향신문』을 통해 발표되자, 야권과 민주화운동 사회단체들은 분노하였다. 재야 39개 단체로 구성된 민주화추진위원회(민추위)는 학원안정법 추진철회를 강력히 요구하였다. 그러나 정부와 민정당은 1985년 8월 5일 학원안정법을 제정키로 하였다. 8월 8일 문교부 산하에 학생선도교육위원회를 설치하여 좌경의식 학생을 교육시킨다는 취지로 학원 안정법 시안을 발표하였다.

1985년 8월 12일 민통련을 비롯하여 재야단체는 학원안정법 반대투쟁위원회를 결성했고, 8월 13일에는 '학원안정법 저지 투쟁결의'가 신민당 정무회의에서 주된 이슈로 부각되었다. 신민당 고문 김영삼과 김대중, 그리고 이민우 총재와 김수환 추기경 등은 즉각 반대성명을 내었다. 8월 15일에는 서울소재 대학학생들이 학원안정법반대 연합시위를 하였다. 김수환 추기경은 대한민국이 국제사회에서 '병영국가'로 지탄받을 것이라고 경고했다. 전두환 대통령은 이민우 총재와 여야영수회담을 가졌고, 16일에는 국민당 이만섭 총재와 회담을 가졌다. 이때 이만섭 총재는 전두환 대통령에게 "9월에 UN총회에서 연설을 한다고 들었는데, 이 법을 통과시키고 어떻게 UN연설을 할 수 있겠습니까?"하고 말했다.(「프레시안

뉴스」, 6월 민주항쟁) 학원안정법에 대해 국민의 강한 거부감과 야당의 강한 반대투쟁, 그리고 미국정부의 반대의사 등에 부딪혀 정부는 8월 17일 학원안정법 제정유보를 발표하였다.

7. 민정당 중앙정치연수원 점거농성

전학련 삼민투위 산하 파쇼헌법철폐 투쟁위원회와 경인지구 14개 대학 학생 191명은 1985년 11월 18일 아침 8시경 서울 가락동에 있는 민정당 중앙정치연수원 본관 건물로 들어가 2층 원장실과 강당을 점거하고, 계단과 출입문에 책상과 의자 등으로 바리게이트를 쳤다. 연수원 점거중에 방화 사건도 있었다. 이 시기에 학생들은 국민의 이목을 집중시킬 수 있는 건물점거농성을 투쟁방식으로 택했다.

학생들의 요구는 노동탄압중지, 외채도입 중지, 장기집권 지원하는 미국은 물러가라! 란 벽보를 써 붙였다. 그리고 3층 옥상으로 올라가 반민중적 경제개방정책을 즉각 철회하라고 요구했다. 이때 부르짖은 '파쇼헌법 철폐'는 앞으로 민주화운동에 큰 여파로 작용한다. 학생들은 시국선언문, 신민당에 보내는 공개서한, 군부독재타도 결사투쟁 선언문 등을 발표하였다. 이때부터 학생운동진영은 야당과 함께 개헌투쟁을 하게 된다. 농성 학생들의 시국선언문 일부이다.

> 광주 대학살을 국민앞에 공개하고 광주원흉 5적을 처단하라. 민중이 주체가 되는 통일논의 보장, 매판독점 자본에 대한 특례철폐, 외채도입 중단하라. 노동운동에 대한 폭력적 탄압을 즉각 중단하고, 실업자 구제대책을 보장하

라. 친정세력의 권력형 부조리 내용을 공개 처단하고, 농축산물 수입 개방 정책을 철폐하라. 도시빈민을 위한 근본적인 생존대책을 수립하라. 학원안정법 제정음모 철폐와 학생운동에 대한 용공적 매도를 중단하라. 예술표현 비판의 자유보장, 민주교사 탄압중지, 언론통제 철폐와 살인고문 중단하라.

민정당 중앙정치연수원 점거방화사건에는 서울시내 14개 대학생 193명이 모두 검거될 정도로 파문이 컸다. 참가자 중 81명이 구속되었으며, 서울형사지법의 5개 재판부가 48명, 남부지원 2개 재판부가 17명 등으로 분산하여 담당하였다. 서울지검은 20개 사건으로 나누어 기소하였다.

1985년 12월 18일, 기소유예로 풀려난 14개 대학 112명은 징계를 보류하고 선도위주로 지도하기로 했다. 학생들은 교도소 측이 제공한 버스 3대에 나눠 타고 '땅굴견학' 현장으로 향했다. 1970년대 중반에 비무장지대에 북한의 남침용 땅굴 3개를 발견했다. 제1땅굴(1974. 11)은 침투길이 1,000m, 제2땅굴(1975. 3)은 철원북방 13km지점에 침투길이 1,100m, 제3땅굴(1978. 10)은 판문점 남방 4km지점에 침투길이 435m이다. 학생들은 땅굴 견학 후 성동 구치소에 도착하여 학교 별로 나누어 귀가했다.

8. 학생운동의 자성(自省)과 국민윤리교육

운동권학생들은 지나친 이념을 앞세워 대중으로부터 스스로 고립되었으며, 신군부정권에 강경진압의 빌미를 제공하였다고 반성하였다. 앞으로는 학생투쟁이 대중의 정서에 바탕을 두고, 시민의 호응을 얻어야 하며, 신민당과 보수야당과도 연대투쟁을 해야 한다고 생각하기에 이르렀다. 그리하여 전국대학 곳곳에서 학원 내 질서를 되찾자는 캠페인이 일기 시작하였다. 서울대 농대학생회장은 선거유세에서 후생복지문제를 핵심 내용으로 다루었고, 벽보에도 배움의 장인 캠퍼스가 전쟁터가 되어서는 안 된다고 했다. 경희대에선 청결질서캠페인을 벌였다.

1985년에는 전국 72개 대학에서 464회 교문 밖 가두진출 기도가 있었고, 32개 대학에서 기물파손과 15개교에서 30여회 총장·학장실·재단이사장실과 학생처 점거가 있었으며, 횃불시위 90회, 철야농성은 52개 대학에서 389회나 일어났다. 한 학기동안에 학생부상 71명, 경찰부상자가 2,000명이나 속출했다. 학원 내에서 폭력이 만성화되고 갈수록 강열해지자 일반학생들과 운동권학생들 사이에서 괴리감이 생겼고, 일반학생 측에서 시위자제와 건전한 학교생활 의지를 표명하고 나섰다.

일반학생진영 내에서 불온게시물 제거, 청결질서 캠페인, 수업방해와 과격행위에 대한 의구심과 비판이 일었다. 연세대 중앙도서관 1층 로비의 「전연세인에게 고함」이란 유인물에 실린 내용의 일부이다.

「100년 연세의 굳건한 기둥이 됩시다」

…아카시아 꽃향기 싱그러운 5월, 우리는 자신을 한번 돌아다보고,
앞으로의 방향을 결정하여야 하겠습니다. 대학의 자율과 학문의 자유는 보장되어야 하며, 이에는 반드시 책임과 질서가 수반되어야 하겠습니다. …폭력이나 정치인들과의 결탁은 순수한 학생운동을 벗어난 입신양명을 위한 것입니다. 순수하고도 피 끓는 우리의 학우들을 그들의 도구로 사용하는 거나 같습니다.
이제는 우리 모두 일어납시다. 우리의 사랑하는 학원이 더 이상 정치의 도장

이 아닌, 화생방 실험장이 아닌, 진리와 낭만이 넘치는 이상과 욕망을 실현하기에 밤을 밝히는, 사랑과 면학의 도장으로 발전시킵시다.

연세인이여!

우리 모두 우리의 학원을 자아실현의 장소로 발전시킵시다.

100년 연세의 굳건한 기둥이 됩시다.

이제는 우리가 다시 책을 들 시간, 교정 구석구석 최로탄 가스 날려버리고, 휴지조각처럼 날리는 어지러움 몰아내고, 다시 책상에 앉을 시간, 조용히 자신을 돌아볼 시간! (유인물, 1985.5.18)

고려대에서도 비슷한 내용의 유인물이 배포되었다.

총학생회 간부들은 어찌하여 극한 대정부투쟁만 일삼나? 배움의 전당이 대정부투쟁 장소가 되고, 학생회비가 유인물제작과 특정인의 야식비로 쓰여지는가? …의사표현방법이 과격성이 지나친 경우 주장은 설득력을 잃고, 사회의 빈축을 사게 된다. 학생이 상아탑에서 학문탐구에 전념하지 못하는 이 시대는 불행한 시대이다. 교문을 박차고 거리에 나가는 것을 자기희생이라고 말하는 것은 모순이다. …우리 모두 민주주의란 결코 투쟁에 의해서만 쟁취되는 것이 아니고, 대화와 인내에 의해서 찾을 수 있다는 것을 인식하자. (『학원소요백서』)

전국대학 학생처장협의회

1985년 12월에 전국대학 학생처장협의회가 제주에서 열렸다. 85학년도 학원사태를 분석평가하고, 「86 아시안게임」이 열리는 내년도 학원대책을 협의하기 위한 전국대학학생처장 107명과 문교부관계자 23명이 제주대학교에서 회의를 가졌다. 필자는 협의회회장의 입장에서 학원자율화 조치 이후 학원안정에 많은 진통과 어려움을 겪어온 1985년도를 마무리한데 대한 감사의 메시지를 전했다.

학생처장들은 학원사태를 분석평가하고, 내년도 학원대책을 협의하였다. 그리고 문교부의 새로운 '학생선도' 정책에 대하여 논의하였다. 각 대학 간의 학생지도에 관한 의견교환 시간을 가졌으며, 교수들이 학생들의 사상오염을 더 이상 수수방관하고 있을 수 없다는데 초점이 모아졌다. 학생들이 좌경이념에 오염되는 것을 예방하기 위하여 일선방문, 땅굴견학, 불온서적의 정의해설 지도, 특히 사상이 오염되기 쉬운 1학년 신입생 때 적극적으로 지도하기로 했다. 또한 공산주의와 민주주의를 비교하고, 전체주의의 폭력수단과 독재, 개인이 존중되지 않는 반인간성을 자유민주주의와 대비를 시킨다. 그리하여 개인의 인권과 자유를 보장받는 자유민주주의 체제의 우월성을 쉽게 이해할 수 있도록 지도하기로 했다. 그리고 연세대에서는 1986학년도부터 채플(chapel)을 1학년 교양필수과목으로 정했다.

학생처장협의회는 정부차원에서 불온서적의 판매보급의 근원적 조치요구, 좌경화 예방을 위한 이론정립, 국민윤리교육에 대한 재검토가 필요하다고 건의하였다. 국민윤리교육은 1981년 서울대학에 국민윤리교육과 설립을 시작으로 하여 전국의 많은 대학에 신설되었다. 이시기에 도덕과목 교사양성과 교과과정 연구개발, 그리고 국민윤리 교과서 집필 등이 집중적으로 이루어졌다. 1980년대 중반부터 국민윤리를 교육받은 교사들이 배출되었다. 군부정권 하에서 이루어진 교육체제라 하여 부정적·

비판적 평가만을 할 수는 없다. 현대문명은 급성장했으나 청년학생들의 정신교육과 도덕성은 많이 퇴보되었다. 맞벌이 부부로 인한 가정교육부실과 감당할 수 없는 상업주의 대중매체는 청소년들의 도덕의식을 황폐하게 만들고 있는 추세이다.

문교부장관은 국민윤리교육에서 사상이념교육의 내용과 방법을 검토하고 보안하며, 교양과정 교육개선에 대하여 강조하였다. 학원사태의 해결을 위한 '전체 대학인들의 총체적인 결단과 행동'을 촉구하였다. 학생들을 좌경화로부터 차단하고, 보호하는 사상이념교육을 강화하고 저학년 교양과정교육을 개선할 것을 당부하였다. (『동아일보』, 1985.12.6)

'보릿고개'는 전설이 아니다

1980년대는 우리사회에 보수(자유민주주의, 자본주의)와 진보(사회주의, 친북좌파)가 양극화를 이루게 된 시기이다. 보수와 진보의 양극화 대립현상은 오늘날까지 이어지고 있다. 그러나 1989년을 기점으로 하여 소련을 비롯한 동구권 사회주의는 붕괴되었다. 북한만 보더라도 많은 주민들이 기아선상에서 탈북행렬을 이어가고 있다. '386세대'에게 말해주고 싶은 우리의 과거사가 있다면 바로 그들이 태어났던 1960년대 우리국민의 가난했던 생활상의 이야기이다.

60년대 한국은 경제재건을 위하여 학교를 갓 졸업한 광부와 간호사들이 일을 하기 위하여 독일로 떠났으며, 베트남에는 한국군을 파병하였다. 1960년대 베이비붐으로 식량난이 심했다. 국민의 70%가 농촌생활을 하였고, 보릿고개는 알프스산보다도 넘기가 힘들었다. 36년간의 일제식민지 정책과 「6.25 전쟁」으로 남은 것은 폐허와 가난뿐이었다.

우리는 미국으로부터 분유를 얻어서 물에 타서 마셨고, 미 군용트럭으로 구호품을 실어 나르는 동사무실 마당 같은 데는 조무래기들이 냄비나 바가지를 들고 줄을 서서 기다렸다. 아이들은 미군부대 쓰레기통을 뒤지며 먹을 것을 찾다가 도둑으로 오인되어 총에 맞은 예도 있었다. 그 와중에도 우리 국민은 경인고속도로(23.8km, 1967.3. 착공)와 경부고속도로(416km, 1968.2~1970.7), 그리고 호남고속도로를 만든 강인한 국민이다.

학생들의 부모세대는 예외 없이 다 허리띠를 졸라매고 허리 굽혀 일한세대이다. 이 때 우리나라의 문맹률은 80%에 달했다. 1950년대에는 소수의 상류층 자녀들만 대학에 갈 수 있었다. 1945년에 대학생 수는 7,800명, 1955년에는 85,000명, 1965년에는 132,000명, 1975년에는 26만 명, 1984년에는 100만 명으로 대학생 인구가 급증하였다.

박정희 군사정권은 '한국경제인협회'(1961. 8. 16)를 출범시켰고, 농업위주에서 산업화 수출주도의 정책으로 바꾸었으며, 1963년 8월에 서울구로동에 '한국 수출 공업단지'를 건설하였다. 5개년 경제개발정책 계획을 세웠으나 자금이 없었다. '한·일 협정'(1965. 6. 22)은 체결되었고, 동년 8월 14일에 국회에서 비준안이 통과되었다. 대일 청구권 배상 받아 경부고속도로와 포항제철 회사 건립에 투입하였다.

1964년에 미국은 우리나라에 베트남에 파병해 줄 것을 요청해 왔다. 한국은 베트남전에 1965년부터 1973년까지 8년간 총 31만 3천여 명(최대 5만 명)의 병력을 파병하였으며, 5천 명 이상의 희생자를 내었다. 한국군의 베트남 참전대가로 우리는 미국으로부터 수당과 차관을 받았다. 국가를 위하여 열대 밀림지대에서 희생당한 대한민국의 아들들로 인해 한국경제는 일어설 수 있었다.

1960년대 독일에서는 인부를 구하기 어려운 '3D직종(Dirty, Dangerous, Difficult)'의 막노동 인부를 원했다. 지하 갱도에서 석탄을 캐낼 광부가 필요하였고, 중환자를 돌볼 간호사가 필요했다. 우리나라 경제개발 초기에 많은 광부와 간호사들이 서독으로 일하러간 사실은 이미 잘 알려진 이야기다. 그들의 월급을 담보로 하여 독일로부터 차관을 들여왔다. 1964년에 독일을 방문한 박정희 대통령은 광부와 간호사들의 일터를 둘러 본 후 밤에 모두 한 자리에 모여, 밤늦게 까지 그들과 함께 붙들고 울었다는 이야기는 잘 알려져 있다.

1960년대 이후 우리나라는 유례없는 경제적 고성장을 이어갔다. 농업위주에서 공업위주의 산업화로 전환하였다. 경제적으로 절박한 시기에 박정희 대통령과 같은 강력한 지도자와 앞을 내다볼 줄 아는 기업가 이병철(삼성그룹 창립자), 정주영(현대그룹 창립자), 박태준(포항제철 초대사장) 등과 같은 인재가 있어서 오늘날 한국경제의 초석을 놓은 것이었다. 매판자본가가 아니라 한국경제를 일으켜 세운 분들이었다.

여기 1970년에 노동운동가 전태일의 분신사건을 돌아보면 우리나라가 얼마나 가난했었나를 짐작할 수 있다. 1970년 11월 13일, 서울 평화시장의 청계피복노조 운동가 전태일의 분신사건으로 올라간다. 전태일 사건은 1980년대를 관류하는 학생노동운동에 촉매역할을 하였다. 이 시기에 노동자들은 하루에 14~16시간 일했고, 휴일은 한 달에 2일이었으며, 노동환경은 열악하였다. 뿐만 아니라 산업재해에도 시달렸다. 이때는 전 노동자의 반 이상이 여성이었다. 노동집약적인 산업으로 1977년에 수출 100억 달러를 달성했다. 이들의 희생이 한강의 기적을 이루는데 초석을 놓은 것이다.

1970년 11월 13일, 전태일은 평화시장 앞길에서 종업원 500여명과 농성을 하려 했으나 경찰과 시장경비원들의 저지를 받자, 휘발유를 몸에 뿌리고, 22세의 나이에 분신하였다. "노동자는 기계가 아니다. 사람이다. 배가 고프다"란 말을 남겼다.

전태일이 죽기 전에 "나에게 대학생친구가 한 사람 있었으면"하였다는데, 그가 분신하고 난 후 전국의 모든 대학생들은 그의 친구가 되었을 정도로 그는 대학생들의 가슴에 애틋하게 각인되었다. 학생들과 우리사회 각계각층은 전태일로 인하여 근로자의 처참한 노동환경을 알게 되었고, 노동운동을 적극 지원하게 되었다. 이 사건은 전국청년학생연맹(전청학련, 1971)과 전국민주청년학생총연맹(민청학련, 1974)의 바탕이 되었다.

1980년대 대학생들의 가슴에 노동운동가 전태일의 부르짖음과 유신체제에 저항했던 김지하 시인의 시가 살아있었다. 매년 11월 13일 전태일의 기념주기가 돌아오면 청계피복노조와 연계하여 각종 노동운동에 학생들은 동조 시위하였다. 1984년 9월에 청계노조 합법성쟁취대회가 열렸다. 1985년 4월에는 청계노조 조합원, 학생, 시민 등 2천여 명이 신당동에서 가두시위를 벌였다. 1985년 11월에는 전태일 주기를 맞아 전학련 삼민투가 삼민헌법쟁취대회를 가졌다. 청계피복노조는 1988년 5월에 합법성을 쟁취했다.

3 학생민주화운동과 직선제 개헌 (1986)

1986년 정초부터 온 국민의 대통령직선제 개헌에 대한 열망은 달아오르기 시작하였다. 전두환 대통령은 연두 국정연설(1986.1.16)에서 "대통령 선거방법의 변경에 관한 문제는 평화적 정권교체의 선례와 서울올림픽 개최라는 긴급한 국가적 과제가 성취되고 난 1989년에 가서 논의하는 것이 순서"라고 했다. 국민이 열망하는 대통령 직선제는 「88 서울올림픽」을 치른 후, 1989년에 가서 논의하겠다고 선언한 것이다. 이는 '장충체육관 간접선거'를 통해 군부권력을 이양하고 싶은 의중이 드러난 셈이다. 이때부터 신민당과 민추협은 개헌서명운동을 적극적으로 펼쳤고, 학계를 비롯하여 각계각층에서 시국선언이 뒤따랐다.

'개헌불가 선언'은 학생과 국민의 직선제개헌 열망에 정면으로 대립하는 것이었다. 이때부터 1987년 「6.29 선언」이 나오기까지 개헌운동은 뜨겁게 달아오른다. 학생운동권에서의 개헌투쟁은 1985년 11월 민정당 중앙정치연수원 농성사건 때부터 크게 부각되었다.

전국적인 재야투쟁조직과 노동운동세력, 그리고 학생운동권은 1986

년 「5·3 인천사태」때 폭동을 일으키다시피 하였다. 「86 아시안게임」에 이어 「건국대 사건」이 일어났다. 단일 사건으로 최대 연행자 기록을 세운 「건국대 사건」은 학생운동세력 연합투쟁의 절정을 이루었다. 잦은 대규모 극렬시위에 군부정권은 매우 긴장하였고, 시위자를 대대적으로 검거하였다. 이때 전두환 정권은 북한이 건설하고 있던 금강산 댐을 남한에 대한 수공(水攻)설로 연계하여 과장된 발표를 하였다. 금강산 댐 수공설에 놀란 국민들은 북한에 대한 반대시위를 벌이며, '금강산 댐' 대응책으로 '평화의 댐' 건설을 위한 국민모금운동에 적극 참여하게 되었다.

1986년 2월 4일, 경인지역 15개 대학 전학련 소속 학생 1,000여 명은 서울대에서 파쇼헌법철폐투쟁대회 및 개헌서명운동 추진본부를 결성하고 연합시위를 하였다. 각 대학에서도 개헌서명운동을 벌이기로 하였다. 학생들은 지방자치제 실시와 언론·출판·집회의 자유, 학생정치활동의 보장, 사법부의 독립과 노동3권보장 등을 주장했다. 민민투는 전학련 삼민투위와 같은 맥락에서 투쟁하였다. 즉 사회계급타파를 요구하며 현재의 파쇼국회를 해산하고, 민중혁명을 통해 민중의 대표로 국회를 소집하자고 외쳤다.

이날 서울대 개헌서명집회와 관련하여 구속된 학생 95명 중 63명이 1학년 신입생이었다. 이 사건에 연루된 학생의 무더기 구속영장 결정이 발표되자 대학당국과 학부모들은 충격에 휩싸였다. 각 대학에서는 신입생 오리엔테이션을 강화하기로 하였다. 문교부는 문제서클과 주요학과의 지도 교수에게는 지도실적을 인사에 반영하고 포상하겠다고 발표하였다. 해외연수자선발 때도 우선권을 주며, 학생지도 교수들에게 정기적인 연구논문 제출을 유보하도록 하겠다고 했다. 모든 신문들은 대학의 학문적 분위기를 저해시킬 소지가 있다고 지적하였다.

1986년 2월 12일 신민당과 민추협은 1,000만 명 개헌서명운동을 시작하였다. 신민당은 헌법개정추진 서울지부 현판식을 시작으로 장외투쟁에 돌입하였다. 신·구교 종교계에서도 직선제개헌 서명운동에 동참하였다. 성공회정의실천사제단 신부들의 시국성명서가 나왔고, 대한조계종 승려들의 시국선언문이 연달아 발표되었다.

1986년 6월 2일 전국 23개 대학 교수 265명이 '우리의 뜻을 다시 한 번 밝힌다'란 연합 시국선언문을 발표하였다. 선언문에는 "대내적으로는 다수의 의견을 수렴할 수 있고, 대외적으로는 민족의 이익을 수호할 수 있는 새로운 정부의 출현을 요구하고 있다. 그럼에도 불구하고 현재의 정권은 이러한 국민적 요구를 묵살한 채 이를 정쟁의 도구로 삼고 있다"고 개탄하였다. 고려대교수 28명은 "오늘의 근본문제는 민주화에 있고, 민주화의 핵심이 개헌에 걸려있다는 것은 정당한 견해"라는 선언을 했다.

1. 민민투(民民鬪, PD · CA)와 자민투(自民鬪, NL)

1986년에 전위적 투쟁조직인 민민투와 자민투가 발족하였다. 86년 3월에 서울대 인문대를 중심으로 민중민주 계열인 민민투(PD)가 결성되었고, 86년 4월에는 서울대 사회과학대를 중심으로 반미자주화 계열인 자민투(NL)가 결성되었다. 민민투는 반제·반파쇼·민족민주 투쟁위원회의 약칭이며, 일명 '평등파'라고 불렀다. 자민투는 반미자주화·반파쇼민주화 투쟁위원회의 약칭이며, 일명 '자주파'라고 불렀다.

민민투그룹은 제헌의회(Constituent Assembly, CA)소집을 제기하며 CA라는 지도조직을 결성하였다. 이는 이름만 다르지 전학련 삼민투 이념과 투쟁노선이 비슷하다. 삼민투위는 지난해 미문화원 점거농성 후 지도부의 대대적인 구속으로 조직이 해체되었다.

민민투는 우리나라가 미 제국주의의 신식민지가 되었기 때문에 미제를 축출하고, 민족을 해방시켜야 한다고 주장했다. 그리고 부르주아 자본가계급인 매판자본과 군부독재를 타도하여 민중(노동자, 농민, 도시 빈민 등)이 주인이 되는 민중민주주의를 이룩해야 된다고 주장하였다. 민중해방과 노동해방을 부르짖었다. 민민투는 산하에 '친미주구일당 처단 및 민주권리쟁취 투쟁위원회'와 '노동자해방운동 지원 연대투쟁위원회'를 둔 노학연대 투쟁조직이다.

민민투 CA계열은 외세의 경제침략 저지운동과 민주노조운동을 지원하며, 동시에 철거지역 주민들과 함께 철거반대투쟁을 하였다. 민민투는 11월에 '혁명운동의 기수를 제헌의회의 소집으로'와 '무엇이 프롤레타리아의 혁명적 진군을 막고 있는가?' 란 문건과 정치신문 「노동자의 길」과 「민족민주선언」등을 발간하였다. 그리고 노동자혁명으로 노동자 대표를 구성하여 새 헌법을 만들자는 주장을 하였다. 이 계열은 1987년 대선 때 연립정권수립을 위해 민중후보를 추대했다.

1986년 4월에 서울대에서 결성된 자민투는 우리나라에 독재체제를 유지시켜온 주범이 미국이라고 규정하고, 반미운동을 통하여 미국제국주의 식민지 지배를 청산하겠다는 것이 목표였다. 자민투는 산하에 반전·반핵평화옹호투쟁위원회, 조국통일투쟁위원회, 노동자해방지원 연대투쟁위원회, 민주헌법쟁취투쟁위원회, 미 제국주의의 경제침략저지투쟁위원회를 두었다. 3월 18일에 결성된 반전·반핵 평화옹호투쟁위원회에서 '반제 직투론'이 나왔다. 반제 직투론이란 직접투쟁을 통해 타격을 가한하는 뜻이다. 이 계열의 학생 400여명은 4월 28일 신림동 4거리에서

"양키의 용병교육 전방입소 결사반대"를 외치며 강력한 시위를 하였다. 이 과정에서 시위를 주동한 위원장 이재호(서울대 정치학)와 김세진(자연대 학생회장)이 분신하는 참사가 일어났다. 이러한 사건들로 인하여 학생운동진영에 반미감정이 고조되었다.

강철(鋼鐵) 서신(강철 시리즈)

강철은 김영환(서울법대)의 필명이다. 김영환은 1985년에 '강철서신'이란 팸플릿 형식의 글을 통하여 김일성의 주체사상과 반미운동을 학생운동진영에 처음으로 확산시켰다. 그는 강철서신에서 '한 노동운동가가 청년학생들에게 보내는 편지'라는 부제를 달은 문건을 제작 배포했는데, 이는 학생운동 NL계열에 큰 반향을 불러일으켰다. 김영환은 김일성이 주장한 대남적화노선을 이상적 모델로 삼아 민족해방 인민민주주의혁명이론을 정립하였다. 그는 또한 김일성을 찬양하고, 북한사회체제의 우월성을 좌파운동 노동계에도 널이 유포하였다

김영환은 1986년 3월에 서울대 지하서클인 구국학생연맹(구학련)을 결성했다. 구학련은 주사파(主思派)의 지하조직이고, 자민투는 주사파의 대중조직이었다. 그리고 1986년에 '민족해방노동자당'을 결성하였고, 89년에 반제청년동맹과 93년에 민족민주혁명당(민혁당) 등에서 핵심적인 활동을 하였다. 1991년 잠수정을 타고 밀입북 하여 김일성 주석을 2번이나 만나서 남한혁명에 대하여 대화를 나누었다. 1999년 민혁당사건 때 국정원 수사과정에서 김영환의 전모가 밝혀졌다. 이때 주사파의 대부 김영환은 통절한 반성문을 쓰고 공소보류처분을 받고 석방되었다. 공소보류란 국가보안법위반자가 지난날의 행적을 뉘우치고 전향하면 검사가 기소를 보류하는 것을 말한다.

김영환은 1999년 『월간조선』 6월호에 「'시대정신'을 만드는 80년대 주사파활동가들의 대전환, 한국지성의 일대사건」이란 제하에 지난날 자신의 행위를 통절하게 뉘우치는 내용을 발표하였다. 그 후 김영환은 우파 사상지인 『시대정신』 편집위원으로 활동하였으며, 현재 북한 민주화 네트워크 연구위원이며 북한인권운동가로 활약하고 있다. 김영환은 사상전향서에서 북한의 실상을 알게 되자 전향했다고 토로했다. 그러면서 "나를 꺾은 것은 고문 아닌 북한의 현실"이라고 말했다. 북한의 실태를 목격한 김영환의 전향서는 1990년대에 폭로된 북한주민의 수많은 아사와 탈북행렬, 그리고 주체사상을 처음으로 집대성한 북한의 노동당비서 황장엽 씨의 탈북은 이를 입증해주었다.

2. 「5.3 인천사태」

「5.3 인천사태」는 1986년 5월 3일, 신민당 개헌투쟁위원회가 인천에서 '인천·경기지부 결성대회'를 열기로 한날에 일어난 대규모 시위였다. 이날 대회는 재야세력 민주통일 민중연합(민통련)과 노동운동세력인 인천지역 사회운동연합(인사련), 인천노동운동연합(인노련), 서울노동자연맹(서노련), 학생운동세력, 그리고 인천시민 등이 가담하였다. 경인지역은 학출들의 밀집지역이다. 1980년대 중반, 이 지역에는 학생 위장취업자가가 약 4천 명 정도 였을 것으로 추산했다.

노동운동단체들은 노동자가 주인이 되는 삼민헌법쟁취가 목적이었다. '삼민'은 민족통일·민주쟁취·민중해방의 약칭이다. 학생운동세력인 전학련 삼민투위 산하에 삼민헌법쟁취를 위해 범민중과 연대하여 군사독재헌법철폐와 삼민헌법쟁취를 위해 함께 투쟁한다는 목표였다. 전학련 삼민투위는 제국주의의 경제침략을 막아 민족자립경제를 수립하고, 구속노동자와 학생을 석방하며, 농축산물 수입금지와 농가부채 탕감을 요구하였다. 그리고 빈민촌철거와 노점상의 강제철거를 반대하였다.

노동운동단체들은 1985년 2월에 구로공단노동자 100여명이 삼민헌법 쟁취 횃불가두시위를 하였고, 1986년 3월에는 인천지역에서 임금투쟁을 하였으며, 4월 12일에는 부평역 앞에서 해고자집회를 열었다. 4월 13일에는 서울서 전국노동자 임금투쟁 대회가 있었다. 이러한 연장선상에서「5.3 인천사태」가 일어났다.

신민당의 김영삼은 지난해 2월부터 직선제개헌 1,000만 명 서명운동을 시작한 후, 부산, 대구, 광주, 대전, 청주 등지에서 개헌추진위원회 행사를 가졌다. 그때마다 많은 학생과 시민이 동참하였으며, 특히 광주에서는 30만 명이 참가하였다. 그 여세를 몰아 경인지역에서 개헌투쟁 결성대회를 열기로 한 것이다.

군부정권은 빠른 속도로 확산되고 있는 야당의 장외개헌투쟁을 약화시키고, 국회개헌협상으로 끌어들이려고 하였다. 군부정권은 권력유지를 위해 신민당 이민우 총재와 이원집정제 개헌안에 대해 협상 중이였으며, 여야가 개헌을 합의하면 수용하겠다고 까지 나왔다. 그래서 재야단체나 학생운동진영은 신민당의 타협을 두고 개량주의 또는 기회주의로 보았다. 신민당을 향해 '군사정권과 타협하지 말고 민주헌법쟁취투쟁에 동참할 것'을 요구했다.

이때 학생운동권진영에서는 자민투(NL계열)와 민민투(PD, CA계열)로 대립되었는데, 자민투는 개헌정국에 '반미자주화 투쟁'을 고수하며, 반미구국통일전선을 형성했다. 이때 민민투는 자민투를 향해 시급한 개헌정국에 반미투쟁으로 민주화운동의 발목을 잡는다고 지적하였다.「5.3 인천사태」이후 자민투는 그간 급진적인 투쟁노선을 반성하며 직선제개헌 쪽으로 투쟁방향을 변경하였다.

전두환 정권은 인천사태를 좌경용공세력 반체제폭동으로 간주하였고, 대대적인 수배·검거에 나섰다. 이날 학생과 근로자 324명이 연행되고, 129명이 구속되었으며, 60여명을 지명 수배하였다. 인천사태 이후 군사정권은 노동세력과 재야민주세력, 그리고 노학연대 관련자에 대한 강도 높은 수사를 벌였다.

부천경찰서 여대생 성고문사건

「5.3 인천사태」와 관련, 수배자 검거과정에서 경기도 부천경찰서 문귀동 경장이 여대생 권인숙(서울대 의류학, 82)을 수사하는 과정에서 성고문사건(1986.6.4~7)이 발생했다. 권양은 부천시 소재 한 회사에 위장 취업했다가 연행되어 인천노동운동연합(인노련) 수배자 중에서 아는 사람의 이름을 대라고 강요받았을 때 모른다고 했다. 그러자 비협조적이라며 권양을 알몸으로 양팔을 등 뒤로 하여 손목에 수갑을 채운 채 2차례 성고문을 자행했다. 그런 후 권양의 신병이 교도소로 옮겨졌는데, 이 소식이 재소자들에게 알려지면서 재소자 70여 명이 가해자의 구속을 요구하며 단식투쟁에 들어갔다. 그 당시에는 '보도지침'이 있어서 언론이 사실대로 보도할 수 없었고, 사법부 역시 독립된 기능을 자유로이 수행할 수 없었던 시대였다.

1986년 7월 3일, 대한변협 조영래 변호사를 비롯하여 변호인단 9명의 도움으로 문귀동과 성고문 관련경찰관 6명을 인천지검에 고소하였다. 성고문 고발장은 복사물로 학원·노동계·언론계·종교계·인권단체에 뿌려졌다. 이 사실이 알려지자, 8월 14일에 신민당과 재야 34개 단체 2,000여 명도 공동주최로 '고문·성고문·용공조작 범국민폭로대회'를 열었다. 부천 성고문 사건의 여파는 여학생운동세력, 재야민주세력, 야당과 법조계 등, 사회 각 분야에서 연대전선이 형성되었다. 우여곡절 끝에 166명 변호인단의 특별항고와 끈질긴 노력으로 성고문 만행의 전모를 밝히는데 성공하였다. 「6.29 선언」후 1988년 2월 9일에 대법원은 재정신청을 받아들였고, 가해자에게 징역 5년의 실형이 내려졌다. 참으로 어렵고 처절한 법정투쟁이었다. 진실을 백일하에 드러내겠다는 의지와 용기에 박수 갈채를 보낸다.

3. 건국대학 사건

건국대 사건은 1986년 10월 28일 전국 반외세·반독재 애국학생투쟁연합(애학투련) 발대식을 건국대에서 가졌을 때 생긴 사건이다. 반외세투쟁 전위조직이 필요하여 전국연합으로 출범하는 날 건국대 사건이 일어났다. 장기계획에 따른 집회도 아니요, 장소도 처음에는 연세대에서 열기로 했었다. 그러나 건국대는 비교적 감시가 적었고, 연합시위가 자주 열리는 장소도 아니었기에 안전하다고 여겼다. 집회가 열리는 전날 저녁부터 학생들이 건대로 들어가 시위준비를 하였다. 오후 1시쯤 전국 26개 대학 학생 2,000여 명이 신군부정권을 지원하는 미국과 일본을 반대하는 시위를 가졌다. 애학투련 발대식을 가진 후, 레이건 미국대통령과 나카소네 일본총리 화형식을 하고, 한반도 군사기지화 반대, 미 제국주의 축출, 경제침략 저지를 외치며 시위를 하였다.

나카소네 일본수상은 1986년 9월 21일 한반도와 동북아 지역의 평화와 안정을 협의하기 위해 방한 했었다. 그리고 미국 레이건 대통령은 소련의 고르바초프 서기장에게 개방개혁을 촉구하면서도 국내적으로는 군비증강에 집중하였다. 이때 동북아의 긴장감은 팽팽하였고, 한·미·일 삼각 군사동맹 강화는 세나라 모두에게 시기 적절한 것이었다. 특히 우리나라는 2년 후에 「88 서울올림픽」을 개최하는 나라로서 한·미·일 안보강화는 필수적이었다.

애학투련 행사가 한참 진행되고 있을 때 1,500여 명의 전경이 투입되어 최루탄을 쏘기 시작하자 학생들은 뿔뿔이 흩어져 도서관, 학생회관, 교양학관, 사회과학관, 본관 등 7개 건물 안으로 몰려 들어갔다. 학교당국과 학생들은 안전귀가를 요구했지만 성사되지 않았다. 학생들은 뜻하지 않았던 철야농성을 하게 되었고, 다음날 학교는 휴교에 들어갔다. 학생들은 바리게이트를 치고, 3박 4일간 물도 전기도 음식도 없는 학교건물에서 밤에는 추위와 싸우며 농성하였다. 경찰은 학교를 봉쇄해 버렸다. 장기농성을 예상하지 못한 돌발 사건이라, 학생들은 탈진상태에 빠졌다. 학생들의 투쟁 슬로건과 극렬한 투쟁방식을 두고 정부와 매스컴은 좌경용공으로 몰아붙였다.

1986년 10월 31일 오전 9시경 건국대에 경찰병력 8천여 명이 투입되어 입체진압 작전을 펼쳤다. 헬기2대가 건국대 위를 저공비행하며 소이탄을 투하했다. 최루탄은 끊임없이 터지고, 소방차 30여대가 동원되어 물을 뿜고, 사다리를 타고 경찰이 진입하였다. 건물 내에서는 앞뒤로 바리게이트를 처서 막은 상태에서 계단에 화재가 발생하여 학생 80여 명이 부상을 입었고, 진압하던 경찰도 몇 명이 목숨을 잃는 대형 참사가 일어났다. 연행자 1,525명 중에서 1,219명이 구속되었다. 이 중 1,000여 명은 기소유예·집행유예로 풀려났고, 주동자로 분류된 90여명은 실형을 살았으며, 23명은 국가보안법이 적용되었다. 건국대는 수십억 상당의 재산피해를 입었다.

건국대 사건은 단일 사건으로 가장 많은 학생들이 연행된 사건으로, 구속자 학부모를 비롯하여 각종 협의회의 공동성명이 잇따랐다. 당시 인권위원장 박형규 목사는 건국대 사태 진상조사 및 대책위원회를 구성했으며, 11월 5일에 민추협은 진상조사단을 발족하였다. 1987년 1월 21일에는 전국 구속자 가족협의회, 민주화실천가족운동협의회(민가협), 그리고 민족가족협의회가 국민의 자유와 권리를 제대로 보장해 줄 것을 강력히 요구하는 공동성명을 발표하였다.

1987년 새 학기 들어 조용하던 학원가에 건대사건에 대한 법원의 1심 판결에서 무더기 선고가 발표되자 학부모의 집단 항의가 일어났다. 대부분 학생들은 3개월 정도 구속되었다가 집행유예로 풀려났다. 건국대 사건 1심에서 연세대생은 32명 기소유예, 7명은 1개월간 근신처분을 받았다. 연세대와 고려대는 학교 측의 징계보류로 일단 가라앉았다.

4. 건전한 학생운동

건국대 사건 이후 자신들의 급진투쟁방식을 두고 자민투의 애학투련 내부에서 자성의 목소리가 일었다. 자신들의 투쟁방향과 전술이 과격한 나머지 일반학생과의 괴리와 일반시민으로부터 지지를 받지 못했다는 점을 반성 하면서 대중과 함께 투쟁하는 방향으로 돌아섰다. 자민투는 동료학생들과 대중과의 공감대 형성의 중요함을 깨닫고, 앞으로는 일반학생들이 대중과도 공감대를 형성하고, 야당과도 연대하여 개헌투쟁을 하기로 선회하였다. '한사람의 열 걸음보다는 열 사람의 한 걸음'이라는 구호는 대중투쟁의 중요성을 상기시키는 말이었다. 그러나 민민투 · 제헌의회계열은 지금까지의 투쟁방법을 고수했으며, 대중과의 괴리현상에 대해 자민투만큼 예민하지는 않았다. 어디까지나 선도적으로 투쟁하는 것이 의무라고 믿었기 때문이다.

1980년대 학생운동을 조명하다보면 '386세대'는 모두 친북, 반미 코드를 가진 것처럼 착각하기 쉬운데 실은 그렇지 않다. 강력한 구호와 현수막, 그리고 학생단체를 이끄는 총학생회 간부들의 활동을 묘사하다보니 그렇게 비치기도 했다. 그러나 실제 핵심 운동권학생들은 100만 학생들 중에서 비율로 보면 소수였다. 독자들은 수많은 투쟁조직에 놀랄 것이다. 투쟁단체의 이름이 너무나 많아서 혼란스럽기까지 하다. 그러나 그들 단체가 외치는 구호나 투쟁목표는 의외로 단순하게 몇 조항으로 좁혀진다. 특히 1987년 「4.13 호헌조치」발표가 난 다음부터는 모든 민주화세력은 '직선제 개헌투쟁'이란 명목아래 뭉쳐지게 된다.

각 대학 내 일반학생 단체에서 동료학우들의 민주화운동을 비평한 내용을 살펴보면 운동권과 비운동권 사이의 분위기를 파악할 수 있다. 1980년대 '비운동권'이란 민주화운동을 하지 않았다는 의미가 아니다. 삼민투위, 자민투(NL), 민민투(PD,CA), 민추위, 구학련, 반미청년회 등의 극렬투쟁단체에 소속하지는 않았더라도 민주주의와 직선제개헌을 위하여 투쟁했으며, 장기 집권하는 군부독재정권에 항거하였다. 자유민주주의의 이념으로 무장하고 투쟁한 것이 1980년대의 '비운동권' 그룹의 민주화운동이었다. 아래 유인물은 '건국대 사태를 직시하며'(1986.11.10)라는 연세대 대강당 앞에 붙었던 내용의 글이다.

> 우리는 최근 건국대 사태를 주의 깊게 관찰하면서 바로 우리 곁에서 함께 생활해 오던 학우들의 일거수 일투족이 학생운동의 선을 넘어섰음을 실감하고 슬픈 마음을 가누지 못하였다. 엊그제까지만 해도 민주화를 위한 절규로 받아들여졌으나, 신성한 학원의 기물을 짓부수고, 안전귀가 보장요구라는 상투적이고 나약한 작태까지 연출하는 것을 보면서 책임질 수 없는 행동의 한계를 스스로 드러 내고야 말았음을 분명히 알 수 있었다.
> 학생회는 수업거부를 강요하고, 급기야는 과별로 찬반투표까지 유도하는 자구책이 과연 전체연세인의 의사인지도 묻고 싶다. 연세동산을 결코 소수에 의해 다수의 동료학생들이 희생의 제물이 되어서는 안 된다고 본다. 우리의 학원은 우리가 지켜나가야 하며, 어떤 상황 하에서도 학내기물 파손 행위와 사회주의 혁명문구의 난발은 단호히 배격되어야 한다. 어떠한 명분과 이론으로도 평화적 시위가 아닌 폭력 시위는 영원히 추방되어져야 한다고 강력히 촉구하는 바이다.

「중앙대 민주회보」에는 '운동권에 의한 악순환과 폭력의 우상화는 대학의 병리이다. 신입생 환영회가 데모연습장이 아니다.' 또한 '국산품 애용은 국채보상운동이다.' '대학신문은 아카데미즘(academism)이 중시되어야 한다'는 등의 비판이 학우들 사이에서 나왔다. 한양대에서는 '시위저지 유인물과 헌혈캠페인,' 한성대에서는 '경노위안잔치,' 숭전대에서는 '심부전증으로 입원한 동료학생을 위한 모금운동과 휴지 줍기부터 실천하는 환경미화 캠페인,' 경북대에서는 벽보에 '우리나라는 외채가 많으므로 국산차 마시기 운동을 하자'와 '연합시위에서 기성회비로 마련된 보도블록 파손과 기물파괴 등은 없어야 한다'는 자성의 목소리가 일었다.

연세대 정화추진위원회

연세대 내 정화추진위원회는 총장과 부총장을 비롯하여 처장과 실장, 그리고 각 대학별 및 행정직급별 추천위원으로 구성되었다. 교내는 물론 학교와 인접한 지역에 유해업소의 설립을 제한하는 일도 정화추진위원회의 역할에 속한다. 「86 아시안게임」과 「88 서울올림픽」이 개최될 때도 정화추진위원회는 학생처와 유관부처가 긴밀히 협조하여 학생지도에 임하기로 하였다.

연세 백의민족학우회 일동과 정화추진위원회의 이름으로 「민중의 견인차 연세인에게」란 유인물을 돌렸다.

> 민주화를 위해 투쟁한다면서 비민주적인 방식에 의존하는 우리들, 심지어는 공산주의 방식까지 도입하여 혁명을 하겠다는데 학우들이 함께 참여하지 않음은 너무도 당연한 일이다. 일부 정치인들의 구호가 되어버린 '행동하는 양심' 이란 미명 아래 폭력도 행동하는 양심인양 오도하는 그네들의 정치놀음에 휘말려 학교는 감시당하고, 학우들 간에 불신풍조가 만연하게 되고, 데모에 참가하지 않는 학생은 용기없는 학생으로 소외되고, 데모를 주동한 학생은 위대한 독립투사처럼 숨어 다니는 이 꼴! 이것이 바로 대학이 추구하는 민주화란 말인가! …이제 냉철한 이성과 예리한 지성으로 강의실을 지키며, 민주화를 추구하는 참다운 민주학우가 되어 한국대학의 참모습을 만들어보자.

연세대 총학생회 대의원회는 신촌지역의 서강대, 이화여대, 홍익대 대의원회와 협의하여 외제품 불매운동을 벌였다. 법과대학 학생회와 법과대학 대의원회는 외채절감 및 외제품 불매운동, 퇴폐적 향락적 소비문화 근절과 소비절약, 교수와 학생과의 간담회 정례화, 우리의 고운 말 쓰기, 선후배간의 예의범절 지키기, 자가용 통학 자제와 학교비품 아껴 쓰기운동을 펼쳤다.

1986학년도 연세대 신입생 환영 유인물 3,000매가 대강당에 배포되었다. '학원수호를 결의하는 연세학우 일동'의 이름으로 돼 있었다. "불순서클 가입압력을 즉각 철회하고, 오리엔테이션 중에 진지한 분위기를 저해하는 선배들의 의식화 주입을 전면거부 한다" 라고 호소하였다. "폭력으로 얼룩진 백양로를 과거의 스승과 제자가 한데 어울려 정답게 거니는 백양로로 다시 회복하자"란 내용도 있었다.

1986년 2학기에는 학원 내에 신선한 자성의 목소리가 더욱 뚜렷해졌다. 그간 투사적이었던 운동노선을 돌아보며 일반학생들과의 괴리감을 절감하고, 학생 모두와 대중이 함께 할 수 있는 노선으로 선회하였다. 동시에 각 대학 내 정화추진위원회와 서클연합회에서는 면학분위를 조성하자는 유인물이나 대자보가 나붙기 시작하였다. "선배들의 부당한 논리주입과 각종 정치집회의 선동을 거부한다," "총학생회는 본연의 자세로 돌아가 후배들이 마음 놓고 공부할 수 있는 풍토를 조성하자"라는 유인물이 배포되었다. 비민주적인 방식의 민주화 투쟁운동을 반대하자는 캠페인이 펼쳐졌다. 하지만 운동권학생들의 목소리가 워낙 커서 일반학생들의 목소리는 곧 잠식되었다. 마치 꽹과리와 징을 쳐대는 옆에서 피리를 부는 격이랄까….

5. '학생 군사훈련'

1학년 교련은 경기도 성남에 있는 문무대(학생중앙 군사학교)에 입소하여 일주일간 각개전투와 유격훈련, 화생방훈련 등을 받는다. 2학년 때는 전방입소 병영집체 훈련을 5박6일 받는다. 그중 2박3일은 현역병과 함께 휴전선 군사분계선의 철책에서 근무한다. 대학생의 병영집체훈련은 최전방부대를 방문하고, 경계근무 실습을 하며, 땅굴을 견학하는 등, 전쟁을 겪지 않은 세대에게 분단조국의 현실을 직시하게하고, 자주국방의 필요성을 인식시키는 교육의 장이었다. 그리하여 문무대 입소훈련과 전방입소 훈련을 마치면 3개월간의 군복무단축혜택이 주어졌으며, 이 훈련을 받지 않으면 교련과목 학점이 주어지지 않았다. 대학생 교련과목은 정규과목으로 1-4학기 동안 총 6학점(128시간)을 이수해야 했다.

1985년 3월, 연세대학교 1학년생의 문무대 입소와 2학년생의 전방입소 병영집체훈련 교육을 위하여 동원되었던 차량과 인솔자의 규모는 대단했다. 입소자는 각 학년마다 2,828명이었다. 각 학년마다 입영과 퇴영시에 동원되는 차량은 각각 버스 60대, 통제자 및 인솔자 60여 명이 동원되었다.

교련과 향토예비군

학생군사훈련의 시작은 1968년으로 올라간다. 1968년 1월 21일 밤, 중무장한 북한군 31명이 청와대를 습격했다. 28명이 사살되고, 2명이 도주하였으며, 김신조가 유일하게 생포되었다. 이 사건을 김신조 사건(「1.21 사태」)이라 부른다. 이로부터 이틀 후, 1968년 1월 23일에는 미국 해군정보함 푸에블로(Pueblo) 호가 북한에 나포되었고, 같은 해 10월

30일, 11월 1~2일, 3차례에 걸쳐 청와대를 습격했던 같은 부대 무장공비 120명이 울진·삼척 지역에 침투해 왔다.

이를 계기로 1968년 4월 1일에 향토예비군이 창설되었고, 1969년에는 고등학생과 대학생 교련이 필수과목이었다. 1980년대 후반, 냉전이 사라지고, 국내적으로 대통령 직선제 등의 민주화가 이루어짐에 따라 1992년부터 교련은 이론공부만 하게 되었고, 1997년부터는 선택과목으로 변경되었다.

학생들의 감사 · 위문편지

1985년도 병영집체훈련을 받은 후 학생들의 평가는 대부분 긍정적이었다. 가기 전에는 두려움이 많았는데 막상 교육을 받고 보니 국토방위의 소중함을 새삼 깨닫게 되었고, 남자로써 꼭 한번은 경험할만한 교육의 장이었다고 했다. 1985학년도에 전국 37개 대학에서 1, 2학년이 입영교육을 마친 후, 학생들은 총학생회를 통하여 900여만 원의 성금을 모았고, 헌혈운동을 전개하였다. 문무대 교육을 마친 강원대 학생들은 위문편지 1,518통을 작성하여 학생대표 5명이 서울시경 산하 전경과 중식을 같이 하며 편지를 전달하였다. 고려대에서도 병영집체교육 후 체험을 통해 얻은 교육을 통해 더 알찬 대학생활을 하자며 방위성금을 전달하였다.

총학생회에서는 병영집체교육을 받고 온 학생들을 상대로 집체교육에 대한 토론회를 열고 자체평가회를 가졌다. 학생들은 병영집체훈련 중에 가장 인상 깊었던 일, 제일 존경하는 인물, 종교관에 대한 설문, 그리고 건의사항 등을 조사하였다. 1985년도에 병영집체 훈련 후 학생들이 군부대에 보낸 감상문과 감사편지들을 보면 하나같이 좋은 교육을 받았으며,

소중한 경험을 했다는 내용이었다. 군부대장에게 보낸 편지 두개를 여기 옮겨본다.

중대장님께

…군대의 새로운 이미지를 다시금 깨달을 수 있었던 것도 커다란 수확이지만, 저에게는 나의 참 모습을 조금이나마 찾을 수 있었습니다. 몸이 허약한 편이어서 모든 일에 소극적이며, 어떤일을 시작해 보기도 전에 미리 겁을 집어먹고 시도도 한번 제대로 해보지 못한 나약한 저였지만, 이번 기회에 훈육관님들을 모시고 여러 친구들과하는 훈련을 통하여 저도 남들처럼 할 수 있다는 것을 발견했습니다. 이러한 자신감을 바탕으로 이 나라를 짊어지고 나갈 한 사람의 젊은이로서 자랄 것을 12중대 중대장님과 구대장님께 약속합니다.… (해양학과 장경래 올림. 6내무반 103)

훈육대장님께

…저는 이때까지 저 자신을 애국자라 믿어왔습니다. 그러면서도 마음속은 이기주의 · 개인주의로 가득 찬 기회주의자였습니다. 훈련을 통하여 저는 저 자신에 움트고 있는 모든 사상의 불건전함을 깨닫고, 어떠한 것이 애국인지, 인간의 정이 무엇인지 깨닫게 되었습니다. 나 자신의 미약함을 느낀 것은 무엇과도 바꿀 수 없는 귀한 보배인 줄로 알고 있습니다.

다른 사내들에게 저는 자신 있게 말할 수 있습니다. 문무대는 사내로서 다녀와 볼만한 곳이며, 결코 무익하지는 않다고…. (이진한 올림, 1985.3)

6. 학생기숙사 건립과 학생소비조합 운영

연세대 제20대 총학생회 총학생회장 선거 때 우상호(국문 4) 후보는 선거공약으로 '학생기숙사 건립조성'에 힘쓰겠다고 약속했다. 다음으로 비민주적 각종제도의 철폐와 민족 동질성회복을 위하여 외세를 물리치고 자주적 민주정부 수립을 위해 노력하겠으며, 공동체 문화건설을 위하여 창조적 ·자율적 문화를 조성하고, 사대주의 문화의 극복과 더불어 민족문화의 건강성을 회복하며, 학생중심의 학사행정을 구현하고 불합리한 제도를 개선토록 하겠다고 했다. 또한 학생소비조합을 착실히 운영하여 학생기숙사 건립조성 기금마련에 힘쓰겠다고 하였다.

1987년 3월 20일 낮 1시경 연세대중앙도서관 앞 광장, 올해 대학가에서 맨 먼저 총학생회선거에 들어갔던 연세대는 1,200여 명의 학생들이 참석한 가운데 총학생회장 취임식을 가졌다. 신임총학생회장에 선발된 우상호와 부학생회장 김병규(정외 4)군의 소개가 있었다. 투표결과 발표와 총학생회기 이양에 이어 우군의 취임사가 있었다. 우상호 총학생회장은 취임식에서「하나됨의 연세공동체」를 강조하였다.

취임사가 끝나자 이번 선거에서 낙선한 한호연(경제)이 많은 박수를 받으며 "본인은 비록 선거에는 졌지만 총학생회부활 이후 최초의 복수입후보자며 최고득표낙선자(42%득표)라는 자부심을 갖고 있습니다"라는 축사를 했다. 한군이 연세공동체의 일원으로서 신임회장단에 최대한 협조하겠다고 약속한 후 새 회장이 된 우군의 손을 잡고 치켜들자 학생들은 우레와 같은 박수와 함께 함성을 지르며 축하를 아끼지 않았다.

연세대 총학생회의 선거과정과 취임과정을 지켜본 기자들은 다음날 신문마다 '젊은이들의 민주수범(民主垂範),' '흐뭇한 당락 악수,' '선거 통해 진짜 학내민주주의를 체험했다' 등의 기사로 보도되었다. 자만하지 않는 승자의 취임사도 그렇지만 승자를 위한 패자의 축사와 격려는 그날의 백미였다. 연세 공동체의 일원으로 '최대한 협조'를 다짐하면서 새 회장의 손을 잡아 치켜들자 또 한 차례 박수갈채와 함성이 울렸고, 참석자 모두는 '연세찬가'를 힘차게 합창했으며, 그날의 취임식은 축제분위기속에서 끝을 맺었다. (『동아일보』사설, 1987.3.23)

학생기숙사 건립에 얽힌 에피소드

필자는 오래 전부터 학생기숙사 건립에 대하여 고민해왔다. 그 당시에 서울대학교와 고려대학교 등 학교마다 학생기숙사가 있었는데 연세대학교에만 일반학생들의 기숙사가 없었다. 학생들 측에서 학생기숙사 설립요구가 있었지만, 민주화운동처럼 강하지는 않았기 때문에 학교당국에선 깊게 고려하지 않았다.

민간자본으로 기숙사를 지으면 학생들의 부담이 커질 수 있고, 필요 이상으로 사치스러울 수도 있다. 그래서 학교 내 기부금으로 기숙사를 건립하는 것이 이상적이다. 1987년도 총학생회 회장 선거에서 학생기숙사 건립과 학생소비조합 운영을 내걸었다. 필자는 학생기숙사 건립에 대하여 고민하고 있었다.

그즈음 연세동문 기업인 한분이 연세대 총장공관이 작고 낡았다며 새 공관을 건축하도록 많은 액수를 기부하였다. 그러나 총장님은 총장공관 신축에 대한 의향이 별로 없었다. 그 시기에 학생들이 기숙사 신축을 강력히 요구하고 있었다. 필자는 총장님께 학생들에게 무악학사(학생기숙사)를 지어주겠다는 약속만이라도 해 달라고 제안하였다. 안세희총장님은 연세 동문이 기부한 총장 공간 비용으로 기숙사 2개 동을 지어주셨다.

성암관 뒤로 휘 굽은 길을 따라 동문방향으로 가면 연세우유 사무실이 있고, 고개 넘어 북문 쪽으로 굽이돌면 지하 1층, 지상 5층의 철근 콘크리트 붉은 벽돌 건물, 무악 제1학사가 자리하고 있다. 무악1학사가 산과 계곡을 끼고 깊숙이 들어앉고 난 후, 무악 2학사가 들어섰다. 주위경관은 심산 못지않게 계절 따라 나무들이 새 옷을 갈아입는 쾌적한 곳이다. 연세대 뒷문으로 차를 몰고 갈 때면 학생들의 구호가 떠올라 혼자 미소를 짓곤 한다.

「학교채권 사는 학생만 기숙사에 입사시킨다!」

「연세대학 원주(메지)캠퍼스는 채권 사는 사람만 기숙사에 입사 시킨다!」는 기사가 학부형들이 길게 줄을 서 있는 광경과 함께 모 TV에 보도되었다. 필자가 원주 부총장으로 일할 때다. 그때 모 기업 회장이 캠퍼스에 들렸을 때 필자를 위로해 준 말이다. "정부총장, 신문 방송에서 한 말을 잊어버리시오. 그런데 신경을 쓰다보면 큰일을 할 수 없어요"하였다. 그 말이 참으로 필자에게 힘이 되었다. 원주(메지) 학생기숙사 건립내막은 이러하다.

그 시절에 '학교채'란 생소한 단어였다. 필자는 신문에서 "정부에서 학교채권을 허가한다"라는 기사를 읽었다. 국가에서 국채를 발행하듯이 학교에서 채권발행을 할 수 있다는 것이었다. 그 때 눈이 번적 뜨였다. 그리고 몇 일간 홀로 구상하다가 처장단과 상의하였다. 학교채로 학생기숙사를 짓고 싶으니 학교채에 대하여 상세히 알아봐 달라는 부탁을 하였다. 그 때 몇몇 처장은 반신반의 하였고, 그리고 그 골치 아픈 일을 왜 하려하느냐고 반문하였다.

필자는 총학생회장단과 논의하였다. 지금 기숙사에 입사한 학생들에게 우선권을 주어 현 기존 학생들에겐 변화가 없다. 2인 1실과 3인 1실을 4인 1실로 리노베이션해서 늘어나는 빈자리는 학교채를 산 학생에게 선착순으로 기숙사 입사할 우선권을 부여하기로 하였다. 학생들의 침대와 책상을 새것으로 교체하고, 2층 침대와 2층 옷장을 만들기로 하였으며, 학생들의 독서실과 휴게실도 새로 단장하기로 학생들과 약속하였다. 학생들은 새로운 제안을 받아들였다.

학생 1인당 2,000만 원 학교채 구입 · 졸업할 때 원금반환

학생 1인당 2,000만 원어치 학교채를 구입하면 이자 없이 4년 후 졸업할 때 원금을 반환하는 제도였다. 그리하여 타지방에서 온 학생들의 80% 이상은 기숙사에 들어올 수 있도록 하는 것이 필자의 구상이었다. 재학생과 신입생 부모들께 가정통신문을 돌렸다. 그런데 별 호응이 없었다. 그 당시 재단에서는 따로 학생기숙사를 위하여 도와줄 수 없었다. 그 이유는 당시 대규모의 원주(메지)캠퍼스 중앙도서관이 건립 중에 있었기 때문이었다.

필자의 의도와는 무관하게 학부모들의 학교채 모금계획에 대한 반응은 잠잠하였다. 필자는 속으로 큰일을 벌려놓고 어떻게 감당할까 고민스러웠다. 착공된 후라 이미 후회해도 늦었다. 내일부터 일주일간 학교채를 신청하기로 돼 있었다.

아침 8시 반쯤 학교에 들어서는 데, 중앙도서관 앞에 많은 사람들이 웅성거리며 길게 줄서 있었다. 무슨 일인지 직원에게 물었더니 학생기숙사 입사를 위한 학교채 신청하려온 학부모들이라고 하였다. 그 순간 필자의 기쁨과 보람은 참으로 컸었다. 그리고 자금조달에 대한 시름을 놓았다.

'자식들을 생각하는 부모들의 마음은 동서고금을 막론하고 같은 것이구나!'를 재삼 인식하였다. 학교채 신청 기간이 일주일이었는데 신청 받고부터 3일 만에 정한 숫자가 다 채워졌다. 그 후에 온 부모들은 대기번호에 기록을 남기고 돌아가야 했었다. 요즘도 원주(메지)캠퍼스를 방문할 때면 원주(메지) 3학사 건립 에피소드가 아득히 떠오른다.

7. 1980년대 농활(農活)

학생과 농민의 연대활동을 간단히 '농활'이라 불렀다. 학생들이 여름방학 동안에 농촌현장에서 농민생활의 여러 어려운 점을 함께 생각하고, 해결할 수 있도록 도와주는 농촌봉사활동을 말한다. 1983년부터 활성화된 농활은 농민에 대한 사랑과 신뢰감을 쌓는 학생운동으로서, 특히 농번기에 일손이 부족한 지역에 보통 20명 단위로 내려가 봉사활동을 하였다. 농활은 학생들이 항상 겸허하게 배우려는 자세를 가지고, 소박하고 검소한 태도로 임하면 훌륭한 체험을 할 수 있는 교육의 장이다. 농민에게는 많은 도움이 되고, 학생자신도 많은 것을 배우고 경험하는 기회가 될 수 있다.

우리나라의 농촌은 1970년까지만 해도 농촌의 80%가 초가지붕이었고, 전깃불이 들어간 마을은 30% 정도였다. 국토 대비 인구는 많고, 자원과 자본이 없는 우리나라는 1970년대 농촌과 산촌에 새마을 운동과 함께 농촌진흥청을 중심으로 식량증식운동을 일으켰다. 1970년부터 농촌에 농기구를 도입했으며, 1970년 중반부터 채소작물 품종개발이 크게 성공했다. 학생들이 농활을 본격화했던 1980년대에는 벌써 옛 농촌마을 풍경은 사라진 뒤였다.

1980년대 민주화과정을 거치는 사이에 '농민운동'에도 큰 변화와 발전을 가져왔다. 1982년에 충북 음성군 농민이 부당농지세 시정을 위한 농민대회를 시작으로 하여 1984년 9월에는 함평과 무안에서 농가부채 탕감과 농축산물 수입 금지를 외치며 함평농우회가 결성되었다. 1980년부터 1986년 사이에 기독교농민회와 가톨릭농민회와 같은 종교단체와는 별도로 자주적 농민조직이 생겨났다.

1986년부터 미국은 대미통상에서 많은 흑자를 내고 있는 일본과 한국 같은 나라에 대해서 수입개방 압력을 가해왔다. 일본과 한국은 높은 관세와 비관세 장벽으로 외국의 농산물은 차단하고 있었기 때문이었다.

무역자유화 조치로 농축산물 수입품목이 늘어나자 농민의 생활이 위협받게 되었다. 이 때 농민들은 전국농민협회(1987.2)를 출범시켰다. 그리하여 1988년 한해에 270여 회 농민투쟁이 발생하였고, 연인원 20만 명이 시위에 참여하였다. 1988년 4월에 전국의 농민단체와 육우협회가 주최한 수입개방 반대 대규모 집회가 서울 건국대학교에서 열렸다. 1989년 2월 13일에는 서울 여의도에서 전국 60여 개군 농민 2만여 명이 수세(水稅)폐지 및 고추 전량수매쟁취 시위를 벌였다.

학생운동권진영(PD계열)에서는 농가부채 탕감을 외치며 수입개방 반대시위를 벌였다. 1980년대는 노동운동세력과 농민운동세력과 학생민주화운동세력의 연대화가 추진되었다. 그리하여 민중생존권 보장, 민주헌법쟁취, 민족자주쟁취, 미국 농축산물 수입저지, 농가부채 문제 등을 이슈화 하였다. 1980년 호당 33만 9천원 농가부채가 1986년에는 219만 2천원으로 늘어났다. 이시기에 학생들의 외침은 농심을 읽는 바로미터였고, 정부로 하여금 농업실정을 직시하라는 경종을 울리는 역할을 하였다.

1980년대 중반, 학생들의 농활팸플릿에 실린 개사곡을 보면 수입자유화로 인한 농민의 피해를 읽을 수 있다. 비록 개사곡이라고 하지만 그 안에는 어렵고 고달픈 농민생활이 고스란히 그려져 있다. 1980년대 운동권 학생들은 잘 알려진 곡조에 풍자적인 가사로 바꾸어 붙인 개사곡들을 많이 불렀다.

뉴질랜드 소고기야

뉴질랜드 소고기야 어찌하여 한국 왔냐 / 니가 와서 한국농민 눈물속에 한숨 짓는다. / 옥수수야 밀가루야 바다건너 오지마라 / 술에 취한 한국농민 길바닥에 쓰러진다. / 자가용에 몸을 싣고 관광하는 내 형제야 / 농촌자식 서울 다가고 늙은 몸만 농사짓는다.

울려고 농사했던가

울려고 양파 했든가 웃으려고 고추 했든가 / 무안들 황토 길에 왕창 썩는 양파 대신 / 그대와 둘이서 양파 심던 그날은 / 지금은 어디로 갔나, 부채만 늘어난다.

울려고 돼지 쳤든가 웃으려고 소 쳤든가 / 비린내 나는 도살장에 왕창 썩는 고기냄새 / 그대와 둘이서 우리를 치던 그날은 / 지금은 어디로 갔나, 돼지야 말해다오.

농촌봉사활동(1984)

1984년 여름에 전국 34개 대학에서 158개소에 학생 4,000여명이 농촌봉사활동을 위해 현지로 떠났다. 서클별 또는 단대별로 농활회원을 모집하였다. 운동권학생들은 봉사대원 모집에 코드가 맞는 멤버들로 구성하기도 하였다. 연세대학교 1984년 하계봉사활동 인원은 1,109명, 1985년에는 2,138명으로 인원이 늘어났다. 하계봉사활동 때 봉사단체 중에서 유인물을 배포한 경우도 있었다. 봉사활동 지역에서 활동대원 자체의 의식화교육 및 마을신문 같은 유인물 배포 등으로 봉사활동지도에 어려움이 많았다. 학생들이 현지에서 말썽이라도 일으키면 지도교수들은 학생들의 농활을 마무리 할 때까지 시골에서 학생들과 함께 숙식을 같이하며 감독을 해야 했다.

『한국일보』 1985년 7월 4일과 7일자에 보도된 내용에는 '대학생 봉사 가려서 받는다!' 란 기사가 실렸다. 농민들이 대학생들의 봉사활동을 가려서 받는 경향이 생겨서 봉사활동이 거부당해 잠자리와 일거리를 찾지 못하고 노숙하다가 아예 돌아가는 상황도 생겼다고 했다. 그러나 전남 무안군의 경우 서울대·연대·고대·전남대의 18개 팀 360여 명이 봉사활동을 벌였다. 연세대 농활 팀이 벼논의 피를 뽑는 장면이『한국일보』에 보도되었는데 일하는 모습들이 진지하고 아름다웠다.

학생들의 봉사활동과 농활의 건실화를 위해 자율적으로 실시하되, 1985년부터는 사전현지답사와 지도교수의 현지 임장지도와 더불어 보직교수의 순례와 격려지도가 필요하다는 지적이 나왔다. 총장명의로 학생들의 학부모에게 학교의 발전계획을 알리고, 농촌봉사활동 등의 문제점을 명시한 서한을 보내기로 하였다.

연세대 하계의료봉사 그룹은 환영받는 단체로서 연세대 의과대 학생회 서클활동으로 7월 초순부터 한달가량 각 단체 별로 벌인다. 연세대 의과대학 신촌과 원주캠퍼스는 의대교수를 포함한 의료진, 치과대학생, 간호대학생, 보건대학생, 그리고 행정직원 등으로 구성되는데, 각 단체별로

3박 4일 혹은 일주일간씩 의료혜택 소외지역에서 봉사활동을 펼친다.

진료시간 후에도 밤에 주민들과 더불어 개인위생 문제와 건강관리에 대한 특강을 통하여 의학지식을 전한다. 특히 성인병 등에 대한 유익한 대중교육을 시켰으며, 설문조사 등은 자신의 연구에도 도움이 되었다. 이들은 조용한 사랑의 메신저들이었다.

1987 농활! 쌓여진 신뢰감과 사랑

1987년도 연세대생의 농활 스케줄이다. 아침을 먹자마자 단원들은 논밭으로 나가서 땀을 흘렸다. 오후 6시부터 8시까지 식사 및 정비시간, 저녁 8시에서 11시까지 농민들과의 대화, 자정까지 분임토론 및 작업평가회, 그리고 자정에 취침으로 짜여졌다. 이는 충남청양군에서 봉사활동을 벌였던 연세대 한 농활팀의 기록이다. 학생들이 농촌일과 농촌생활에 서툴러 농활을 하는 동안 적응하려고 애쓰는 모습이 스냅사진을 보는 듯하다. 풍자하여 묘사했기에 웃음을 자아내게도 한다.

> '거머리와 모기와 싸웠다. 월촌 모기덕분에 하루 평균 50회 이상 헌혈을 감수해야 했다.' 날이 갈 수록 부상자가 속출하였다. 낫에 베어 마산에 있는 병원까지 가서 간단한 수술을 받는가 하면, 농약을 뿌리고 돌아온 단원중의 한 사람은 저녁을 먹은후 모두 토해내기도 하였다. 계속되는 피로와 모기의 극성, 태양의 폭염이 가중되어 단원간의 대화는 날카로운 비수가 섞인채 진행되었다. 일종의 한계상황이었다. 모든 여건의 어려움 해소를 위하여 여러가지 방법을 동원하였다. 식사 전에는 '진주낭군가(晉州郎君歌)'를 반복해서 부르고, 취침 전에는 「모기와의 취침반대, 살충제로 모기타도!」, 「살인헌혈 강요하는 월촌 모기 타도하자!」등의 구호를 외쳤다.

반별활동은 처음에는 비 때문에 많은 인원이 참석하지 못했으나 나중에는 활기를 띠었다. 쌓여진 신뢰감과 사랑은 떠나오는 날 눈물바다로 가시화 되었다. 작별을 아쉬워하며 손을 흔드시는 주민들을 뒤로한 채 우리는 월촌을 떠나 밀양 표충사로 와서 평가회를 가졌다.
(연세대 서클연합회「동아리 소식」, 1987.9.8)

여름 교양학교

연세대 서클연합회는 '한 사람이 한 가지 이상의 재능을 갖추자'란 기치 아래 1987년 여름 교양학교를 열었다. 서클 회원들은 여름방학기간을 이용하여 그동안 활성화 되지 못하였던 문화체육활동에 많은 사람들이 동참하여 단결의 뜻을 높이고자 다양한 교양학습을 마련하였다고 목적과 취지를 밝혔다. 서클활동을 통하여 회원들의 능력과 재능을 연마함과 동시에, 각 서클이 갖고 있는 문화역량을 사회에 환원할 수 있다고 피력하였다. 강습내용은 탈춤(우리문화 연구회), 단소(국악연구회), 창작대학가요(울림터), 고전기타(오르 페우스), 바둑(기우회), 컴퓨터(컴퓨터 클럽), 시 창작(연세문학회), 수영(수영부), 테니스(테니스부) 등이다. 필자의 아들과 딸도 여름방학 때 연세대 수영부에서 수영을 배웠다. 각 서클은 집행부와의 협의아래 반드시 교재를 만들기로 규칙을 만들었으며, 집행부는 활동을 평가하기로 하였다. (연세대학교 서클연합회, 1987.6.30)

농활도 국제화추세에 따라야…

오늘 날 대학생들은 졸업 후 취업에 도움이 되는 계절학기 공부하기와 해외어학연수에 몰리고 있어 1980년대 농활 같은 봉사는 쇠퇴하고 있다. 농민·학생 연대활동은 농민 계몽과 농번기에 일손 돕기, 그리고 농촌

체험학습 등으로 교육적 가치가 높은 학생운동이다. 민주화운동의 절정기였던 1987년을 고비로, 시골에도 전국농민단체연합과 전국대학생대표자협의회에서 조직한 단체가 있어서 연대활동을 하였다.

학생들이 농번기에 일손을 돕는 막 노동도 좋은 체험이겠지만, 고정관념을 벗어나 학생들의 전공지식이나 특기를 살려서 다양한 분야에 봉사활동을 펼치는 것이 바람직하다고 생각되었다. 예를 들면 「IT 농활」을 통해 농촌어른들에게 컴퓨터 사용법, 스마트기기 같은 인터넷 사용법과 SNS(Social Network Service) 활용법을 가르치는 것도 농촌생활을 편리하게 돕는 일일 것이다. 예체능 실습 겸 지도도 좋은 효과를 얻을 것 같이 생각된다. 다문화 가정시대에 시골에서 학생들이 도울 수 있는 분야는 많을 것이다. 이는 시대적응에 필요한 지식일 뿐만 아니라 새 시대에 눈을 뜨게 가르치는 계몽활동의 일환이기도 하리라 생각한다.

4 「6월 민주항쟁」과 「6·29 선언」(1987)

본 장에서는 1987년 「6월 민주항쟁」을 통하여 「6·29 선언」을 얻어내기까지, 전 국민적 민주화투쟁의 현장이 파노라마로 펼쳐진다. 1987년 연두부터 서울대생 박종철 군의 고문치사 사건이 일어났고, 4월에는 전두환 대통령의「4·13 호헌조치」가 발표가 있었다. 이는 국민의 민주화 불길에 기름을 부은 격이었다. 곧이어 천주교정의구현 전국사제단에 의해 박종철 군 고문치사 사건의 은폐·조작이 폭로되었다. 독재군부 타도를 위한「6.10 범국민대회」 전날 연세대 이한열 군이 머리에 직격최루탄을 맞고 쓰러진 모습이 TV와 일간지에 보도되자 이는「6월 민주항쟁」에 또 하나의 기폭제로 작용했다. 그리하여 백만 학도와 전 민주화운동세력은 뭉쳐져 장대한 「6월 민주항쟁」의 절정으로 치달았고, 마침내「6·29 선언」을 쟁취하였다. 27년간 지속되어온 군부독재는 '민주체제 헌법개정'을 받아들임으로써 국민 앞에 백기를 들었다. 그 결과 공명한 대선을 치르고, 제6공화국의 대통령을 선출한 내용으로 본 장은 마무리 된다.

이 시기에 세계적으로 많은 변화가 일어나고 있었다. 미국의 레이건(Ronald Reagan)대통령은 1987년 6월 12일, 독일의 브란덴부르크 문(Brandenburger Gate) 앞에서 "고르바초프 씨, 이 장벽을 허무시오(Mr. Gorvachev, tear down this wall!)" 라고 일장연설을 하였다. 고르바초프(Mikhail Gorbachev) 서기장이 평화를 추구하고, 소련과 동유럽의 번영을 추구한다면, 그리고 개방을 원한다면 이 문으로 와서 이 벽을 허무시오! 라고 힘주어 외쳤다.

중앙유럽에 위치한 폴란드에서도 민주노동조합 결성을 위한 투쟁이 계속되고 있었다. 정부의 강경대응에도 불구하고 노동운동가 레흐 바웬사(Lech Walesa)가 이끄는 자유노조는 폴란드 전역으로 확산되고 있었다. 바웬사는 노동운동으로 1983년에 노벨평화상을 수상했고, 제2대 대통령(1990)이 되었다. 이러한 추세는 이어져 1980년대 후반에 이르러 독일은 통일되었으며, 소련을 비롯한 동구공산권이 와해되기에 이른다.

1. 서울대 박종철 고문치사 사건(87.1.14)

1987년 1월 14일 오전 8시경 민주화추진위원회(민추위)에 의해 노학연대투쟁을 한 관련자 수배과정에서 박종운 군의 소재파악을 위하여 박종철(서울대 언어학과 학생회장) 군을 경찰이 그의 하숙집에서 연행했다. 박종운 군은 박종철과 같은 서클의 선배로서 민추위 지도 위원이었다. 1월 14일, 박종철 군이 서울치안본부 남영동 대공수사단 대본부실에서 박종운군의 행방에 대해 조사를 받던 중 혹독한 폭행과 물고문으로 숨졌다. 1987년 1월 15일『중앙일보』신성호 기자는 사회면에「경찰에서 조사받던 대학생 쇼크死」란 제목 아래 "14일 연행되어 치안본부에서 조사를 받아오던 공안사건 관련 피의자 박종철 군이 이날 하오 경찰조사를 받던 중 숨졌다"란 기사를 내보냈다. 1월 14일 응급호출을 받은 중앙대 용산병원 의사 오연성씨가 치안보부 남영동 대본부실에서 박종철의 시신을 처음 보았고, 사망판정을 내렸다. 진단서의 사망원인에는 '미상'이라 썼다. 이것이 단서가 되어 온 나라가 들끓기 시작하였다.

사건 직후 치안본부장은 공식발표에서 "1월 14일 오전 8시 10분쯤, 서울 관학구 신림동 하숙방에서 연행하여…, 박종철 군이 술을 많이 마셔서 갈증이 난다며 물을 여러 컵 마신 뒤, 10시 5분께 쯤, 수사관이 책상을 탁 치며 추궁하자 갑자기 억하고 쓰러져, 중앙대 부속병원으로 옮겼으나, 12시쯤 사망하였다"라고 하였다. 사체부검을 위한 압수수색 영장에도 불구하고 경찰이 버텼으나, 한양대부속병원에서 부검키로 합의했다. 부검담당 의사는 국립과학수사연구소 법의학과장 황적준 박사가 맡았다. 안상수 검사, 박동호 한양대 병원의사, 가족으로 박종철 군의 삼촌이 입회했다. 부검소견은 "소크사가 아니라 물고문 도중 질식사"한 것으로 발표했다.

1월 17일 KBS 9시 뉴스에서 치안본부장은 박종철 군의 사망경위를 규명하기 위해 특별조사반을 편성해 조사에 착수했다고 했다. 한편, 박종철 군의 시신은 1월 16일 오전 9시경, 벽제화장장에서 화장되었다. 1월 17일부터 『동아일보』는 황호택 기자를 비롯한 특별취재반을 가동하여 연일 대대적으로 보도하기 시작했다. 신문내용에 "좁은 수사실 바닥에는 물이 흥건하게 고여 있었고, 왕진 갔을 때는 숨져 있었으며, 복부가 부풀어져 있었고, 폐에서 수포음이 들렸다"는 등의 내용을 크게 보도했다. 우여곡절 끝에 혹독한 물고문에 의한 목 부위의 경부압박 질식사로 진상이 밝혀지자 온 국민은 분노하였다. 박종철의 고문치사사건에 대한 항의시위는 1월 15일부터 시작되었으며, 1월 16일 서울대 언어학과 사무실에 빈소가 차려졌다. 김영삼과 김대중 대표의 움직임도 빨라졌으며, 1월 17일에는 '고문 및 용공조작저지 공동대책위원회'에서 고문폭로대회를 가졌다.

1987년 1월 20일 '민주투사 고 박종철 군의 추모제 및 살인정권 타도 궐기대회'가 서울대에서 열렸다. 1월 26일 명동성당에서 고 박종철 군의 추모특별미사 강론에서 김수환 추기경은 신군부정권의 양심과 도덕성에 대하여 강하게 비판하였다. "민주국가, 법치국가, 정의사회라는 대한민국 안에서 백주에 한 젊은이가 경찰에 연행된 지 수 시간 후 시체로 변했다는 어처구니없는 사건을 기정사실로 받아들여야 하는 오늘의 우리 현실을 한없이 아파하면서" 라고 통탄하였다. 박종철 군의 고문치사사건은 일파만파로 번져 국민의 가슴 속에서 분노의 불길로 치솟았다. 3월 9일 김수환 추기경의 '정의와 평화를 갈구하는 9일기도' 때 직선제 개헌을 촉구했고, 3월 13일 한국기독교 협의회가 1천만 개헌서명운동 동참을 선언하였다. 같은 날 이태영 한국가정법률상담소 소장과 여성단체협의회 등이 '민주헌법쟁취 범여성추진위원회'를 결성했다.

고문에 대한 잔혹함은 이미 잘 알려진 바이다. 지난해 「5.3 인천사태」 때 노학연대 관련자 수배를 위해 부천경찰서의 문귀동 경장이 서울대생 권인숙 양에게 자행한 성고문 사건 후, 성고문규탄 성명집회와 천주교 정의평화위원회(정평위), 기독교 교회협의회(NCC)인권위, 여성단체연합 등이 공동대책위원회를 결성하였다. 이때 군부정권은 신문의 낱말 하나, 내용 한 줄도 '보도지침'에 따라 엄격히 규제하였다. 이를 두고 학생들은 '제도언론 철폐'를 부르짖었다. 학생들이 시위할 때마다 이슈화한 '제도언론' 이란 실체가 여실히 드러난 사건이 바로 박종철 군의 고문치사 사건이었다.

1980년 11월 신군부정권은 권력을 장악하자 언론통폐합을 강행하였다. 전국 64개의 언론사(신문 28개, 방송29개, 통신7개)를 신문 14개, 방송3개, 통신1개로 통폐합하였고, 정기간행물 172종을 폐간했으며, 1,000여 명의 언론인을 강제 해직시켰다. 1980년 12월에는 언론기본법을 마련하였고, 문공부에 홍보조정실을 신설하여 언론을 통제하였다.

박종철 고문사망 항의시위(87.1.19)는 고려대에서 시작으로 연세대, 서강대, 이화여대 등에서 대자보와 추모제, 성토대회, 항의성명서, 규탄대회 등으로 줄을 이었다. 각 종교단체에서도 들고 일어났으며, 1월 26일에는 천주교정의구현 전국사제단을 비롯하여 정평위가 명동일대에서 대규모 침묵시위를 벌였다. 이때 학원가에서는 「박종철 살려내라! 살인고문 일삼는 군사독재 타도하자!」란 팸플릿이 배포되었다. 연세대 총학생회는 1987년 2월 6일자로 「인권회복과 민주화는 내손으로」란 유인물을 배포했다.

'박종철 국민추도회 준비 위원회' 발족

박종철 고문치사사건 후, 함석헌, 김영삼, 김대중을 비롯하여 9천여 명으로 구성된 '박종철 국민추도회 준비 위원회'가 발족하였다. 2월 7일, 박종철 군 추도대회 하루 전부터 서울 곳곳에 검문검색, 명동성당일대 출입통제, 김영삼, 김대중, 함석헌 등의 인사들은 가택연금 되었다. 그러나 추도모임은 동시다발적으로 전국주요도시에서 추진되었다. 준비 위원회는 국민추도회를 열려고 했으나 국가보안법과 소요죄를 적용하여 추도회장을 봉쇄하였다. 이날 전국16개 지역에 약 6만 명이 모였다. 그리하여 국민추도 준비위원회는 2월 9일부터 49제까지를 '고문추방 및 민주화 국민결의기간'으로 정했다. 이때부터 고문규탄 범국민대행진이 전국적으로 일어났다. 이날 경찰은 798명을 연행했다고 보도했다. 3월 3일 박종철 49제 때 전국 46개 대학에서 추모제 후 가두시위를 가졌다.

19세기 말, 프랑스 대문호 에밀 졸라(Emile Zola, 1840~1902)는 소설 『목로주점』으로 우리에게 알려진 작가이다. 에밀 졸라는 "진실은 지하에 묻히면 자라난다. 그리고 무서운 폭발력을 축적한다"라고 하였는데 맞는 말이었다. 프랑스가 유태인 육군포병대위 알프레드 드레퓌스(Alfred Dreyfus, 1859~1935)를 간첩죄를 씌워 군법회의에서 종신징역 판결을 내렸다. 이에 에밀 졸라는 프랑스군법회의의 오판을 프랑스 파리의 일간지에 '나는 고발한다'란 제목의 기사를 게재하자 군법회의를 중상 모략한 죄로 징역 1년을 선고받았다. 에밀 졸라는 영국으로 도피하였다. 그러나 프랑스의 지식인들의 끈질긴 진실규명 요구로 결국 드레퓌스 사건은 1904년에 재심이 받아들여졌고, 드레퓌스는 무죄를 선고받아 1906년에 복권되었다. 진실이 밝혀졌을 때 에밀 졸라는 이미 4년 전에 세상을 떠난 뒤였다. 박종철 군의 사건도 자칫하면 쇼크사로 묻혀 질 뻔하였다. 그러나 진실은 무서운 폭발력으로 분출하였다.

박종철 고문치사사건 은폐 · 조작 폭로

1987년 「5·18 광주민주운동」 7주기 때 김승훈 신부에 의해 박종철 군의 고문치사사건의 조작·은폐 전모가 폭로되었다. 군부정권은 사건무마를 위하여 사건과 연계된 치안감 등 관련 경찰관을 구속했다. 또한 5월 26일 개각을 단행하여 내무부장관, 법무부장관, 검찰총장 등을 새로 임명하였다. 그러나 이러한 조치로 국민의 분노의 불길을 끌 수는 없었다. 1987년 5월 27일 전국재야지도자 2,200여 명은 민주헌법쟁취국민운동본부

(국민운동본부)를 결성하였다. 이는 민주화투쟁세력 총 집합체로서 민통련과 당시 통일민주당이 주축이 되었다.

천주교정의구현전국사제단은 1974년에 결성된 후, 인권회복과 민주회복, 그리고 사회정의를 위하여 초지일관으로 투쟁해왔다. 명동성당은 억울함을 호소하고, 쫓기는 사람, 쫓겨난 사람, 도시철거민, 거리시위자의 피난처였다. 위험과 따돌림에서 보호받는 곳이며, 대신하여 싸워줄 수 있는 조력자를 만날 수 있는 곳이기도 했다. 명동성당과 더불어 종로5가 기독교회관은 1980년대에 민주화운동의 성지로 불리었다. 이곳에는 진보적인 단체가 집산하는 아지트였으며, 시민단체, 재야세력, 야당인사, 인권운동가, 양심선언자, 그리고 구속된 학생들의 학부모들이 모이는 만남의 광장이었다.

불교계도 1980년대 중후반부터 민주화운동·통일운동·인권운동에 관심을 기울이기 시작하였다. 조계종불교인권위 공동대표 진관스님은 1981년 5월에 조계사 대웅전에서 전국대학생불교연합회(대불련)가 주축이 되어 「5·18」사건진상규명요구 대 집회를 열었다. 1985년에는 민중불교운동연합(민불련)의 기관지 「민중법당」이 발간되었다. 1987년 5월 20일 정토구현 전국 승가회, 민불련 등 90여명은 5·18 추모법회를 열었다. 이리하여 천주교, 개신교, 불교가 민주화운동에 동참하게 되었다.

2. 「4.13 호헌조치」

1987년 4월 13일 전두환 대통령은 특별성명을 통해 개헌논의 일체유보라는 「4.13 호헌조치」를 발표하였다. 특별담화에 '평화적인 정부이양과 「88 서울올림픽」 등의 국가대사를 성공적으로 치르기 위해서 국론을 분열시키고 국력을 낭비하는 개헌논의를 지양하고, 사회혼란을 조성하는 폭력과 좌경세력은 엄중히 다스리겠다' 는 내용이었다. 즉 개헌논의는 「88 서울올림픽」을 치르고 난 후에 하겠다는 요지였다. 이때 발표된 「4.13 호헌조치」는 온 국민의 민주화열망에 폭약제로 작용하였다.

호헌조치가 발표된 다음날, 김수환 추기경은 「4.13 호헌조치」를 비난하였다. 그리고 대한변호사협회를 비롯하여 각 인권단체와 천주교를 비롯한 종교계, 언론계, 민주단체들의 호헌철폐와 직선제개헌을 위한 시국성명 발표가 줄을 이었다. 신군부정권은 국민의 마음을 읽지 못했고, 사태의 위급함을 직시하지 못했다. 아직도 군을 이용하여 민의를 꺾을 수 있다고 오판한 것이었다. 1987년 5월 1일, 김영삼·김대중 대표는 대통령 직선제 개헌을 본격적으로 추진하기 위하여 신민당 소속의원 74명 중 63명을 이끌고 통일민주당 창당대회를 가졌다.

1986년부터 교수들의 개헌에 대한 시국성명은 계속 되었다. 1986년 2월 4일 서울대에서 일어난 '개헌서명집회'때부터 줄을 이었다. 3월 28일, 고려대 교수 28명은 '현 시국에 대한 우리의 견해'란 결의문에서 "오늘의 근본문제는 민주화에 있고, 민주화의 핵심은 개헌에 걸려있다는 것이 정당한 견해이다"라고 밝혔다. 4월에는 한신대교수 42명과 성균관대 교수 35명, 방송대교수 16명의 성명서 발표가 있었다. 약 2개월 동안에 29개 대 교수 785명이 시국선언에 동참하였다. 학계, 문화계, 종교계, 재야인사, 언론계, 출판사, 노동단체, 농민, 그리고 학생들까지 모두 호헌조치 반대 선언에 참여하였다. 전국 48개 대 1,500여명 중진교수들이 직선제개헌 수용을 요구하는 성명을 내었다.

교수들의 시국선언문 발표가 전국적으로 일어나자, 전두환 정권은 자유민주주의 체제와 자본주의 경제체제를 근본적으로 부정하는 급진좌경 분자들의 주장은 국가체제를 부정하는 선언이라고 규정하였다. 그리하여 선언에 참여한 교수들에게 승진보류와 연구비지급 유보, 심지어 사립학교에서는 교수재임용제를 통한 해직압력을 넣기도 하였다.

3. 연세대 이한열(李韓烈) 직격최루탄 맞아 중태

연세대총학생회는 1987년 6월 9일 오후 3시경 구출학우환영 및 내일 있을 '고문살인은폐 규탄대회 및 호헌철폐' 「6.10 범국민대회」출정을 위한 연세인 결의집회를 가졌다. 이 대회에 '민주화실천가족운동협의회(민가협)'의 어머니 40여 명도 참가하였다. 민가협은 군사정권에 의해 실종된 가족을 찾는 어머니들의 모임이다. 연세대학생회는 "군부독재는 아직도 사태를 직시하지 못하고 호헌강행과 독재연장과 정권계승을 획책하고 있으니, 민족의 미래가 어찌 밝다고만 하겠습니까. 더 이상 물러설 수 없다 연세여! 대동단결하자!"란 팸플릿을 돌렸다.

6월 9일, '우상호 연세대총학생회장과 김병규 부회장이 현재 총학생회회장실에서 시한부 단식투쟁을 하고 있다'란 속보가 총학생회 신문인 「민주광장」에 실렸다. 학생들은 단대별 규탄대회 및 결의문을 낭독하고, 장기집권 화형식을 가졌다. 백양로에서 울려 퍼지든 함성은 교문으로 향했다. 오후 5시경, 학생들이 교문 밖으로 나가자 최루탄 발사가 시작되었다. 이 때 경찰이 쏜 직격최루탄(SY-44)에 뒷머리를 맞은 이한열(연세대 경영 2) 군은 그 자리에서 쓰러졌다. 그 때 쓰러진 이군을 이종창(연세대 도서관 2)군이 부축해 뒤에서 껴안고 있었는데, 이군의 머리와 코에서 피를 흘리며 고개를 떨어뜨리고 있는 모습이 로이터통신기자 정태원 씨의 카메라에 포착되었다. 이 처참한 광경은 다음날 『중앙일보』와 『뉴욕타임스』 1면 머리기사로 실렸고, 이때부터 이 장면은 1980년대 학생민주화운동을 떠올리게 하는 상징물이 되었다. 그리고 너 댓 명의 학우들이 함께 이군을 들고 연세대 세브란스 병원 응급실로 옮겼다. 이 과정에서 이군과 같은 과 선배 김종원 씨가 이한열 군을 부축하고 있는 모습도 외신기자의 카메라에 담겼다.

이한열 군은 세브란스 병원으로 즉각 옮겨졌으나 의식을 잃었고 중태에 빠졌다는 소식은 전국 100만 학도와 학부모 가족들을 충격에 몰아넣었다. 사투를 벌이고 있는 기사는 매일 신문에 보도되었다. 이한열 군이 사경을 헤맬 때 '한열이를 살려내라!' 호헌철폐와 직선제로 민주쟁취를 외치며 연일 시민과 학생들은 거리로 나왔다. 이는 전국의 학부모들, 특히 어머니들이 민주화투쟁에 앞장서게 만들었다.

이한열 군의 처참한 모습의 사진은 마치 1960년 「4·19 혁명」의 도화선이 된 김주열(마산상업고등학교 학생)군의 머리와 눈에 최루탄이 박힌 사체 사진을 연상하게 된다. 1960년 자유당의 3.15 부정선거로 이승만 대통령과 이기붕 부통령이 선출되었을 때 마산에서 대규모 시위가 일어났다. 정부는 강경진압으로 대응했었고, 그 후 실종되었던 김주열 군의 사체가 마산 앞바다 중앙부두에 떠오른 것이었다. 이에 격분한 마산시민들이 1960년 4월 11일 다시 일어났고, 이는 「4·19 혁명」으로 이어졌다.

그날을 회상하면…

이한열 군의 처절했던 모습을 이렇게 회상한다. 1987년 6월 9일, 비가

올 것 같이 우중충한 오후 5시 경, 필자는 속으로 오늘은 비교적 데모가 일찍 끝났으니 오랜만에 좀 일찍 집에 갈 수 있겠구나 하면서 학생처에서 백양로쪽 도서관 앞을 내다보았다. 그 때 얼굴과 머리에 피를 흘리는 한 학생을 한 동료학생이 뒤에서 껴안고 병원 쪽으로 가고 있었다. 학생처 교직원을 불러 빨리 가서 살펴보고, 당장 세브란스 병원에 입원시키라고 했다. 그리고 세브란스로 달려갔더니, 연대생 이한열이 전투경찰이 쏜 최루탄을 뒷머리에 맞아 의식이 없는 상태였다.

1987년 6월 9일 이한열 군이 두뇌손상으로 세브란스 응급실에 오후5시 15분경에 내원하였을 때 좌측 후두부에 두피열상과 우측 이마에 직경 5mm의 원형 두개골 골절이 있었고, 의식불명상태에서 뇌전산화 단층촬영 상 뇌출혈 및 5개의 금속성 이물질(2mm)이 있다고 하였다. 인공호흡기를 사용하고 있었다. 오후 5시반경부터는 의식을 잃은 상태였다.

이한열 군의 2차 뇌전산화 단층촬영(72시간 후)의 뇌부종은 더 심해져 위독한 상태였다. 이한열 군의 주치의 신경외과 권위자인 정상섭 교수는 수술을 못하는 것이 아니라 수술을 할 필요가 없는 상태라고 설명했다. 손상된 뇌의 부분은 정상으로 되지는 못하며, 금속성 이물질을 제거하기 위하여 수술을 할 경우 더 큰 손상을 입을 수 있다는 소견서(1987. 6. 15)를 발표하였다. 연세대학교는 교무위원회를 열어 교학부총장을 위원장으로 하여 의무부총장과 세브란스 병원장, 가족대표 2명, 학생대표 2명 등 합계 206명으로 이한열 군 대책위원회를 구성하였다.

고려대 교수 137명은 이한열 군을 문병하고 위문금을 전달하였고, 연세대동문회에서도 성금운동을 하였다. 범 연세인의 기도회가 대강당에서 열렸고, 19일에는 연세대 대학원 원우회의 결의문 발표가 있었다. 교수일동은 6월 26일 이한열 군의 소생을 기원하는 교수기도회를 루스채

플에서 가졌고, 최루탄을 난사한 책임자를 즉시 문책할 것과 평화적인 집회와 시위에 대해서는 최루탄을 사용하지 말 것을 강력하게 요구했다. 최루탄은 30도 이상 각도로 발사토록 돼 있는데 사용수칙을 어기고 학생들을 향하여 직접 쏜 것이었다.

서울대생 박종철 군의 고문치사사건의 진상이 밝혀진지 얼마 되지 않은 상황에서 연세대생 이한열 군이 직격최루탄에 맞아 사경을 헤매고 있다는 소식에 국민들은 분노하였다. 다음날 '6.10 국민대행진'이 개최된 33개 도시에서 100만여 명이 시위에 참여하였다. 박종철 군의 아버지는 이한열 군이 사망하기 하루 전에 세브란스 병원으로 찾아가 이군의 아버지를 위로했다. "자식들의 희생으로 참된 민주주의가 꽃핀다면 그나마 다행"이라며 목소리를 같이했다. 참으로 슬프고 아픈 부정으로 서로 위로하였다. 이한열 군은 7월 5일 숨졌다. 연세대 총학생회회장 우상호는 이한열 학우의 장례식을 논의하기 위하여, 7월 5일 서울지역 대학생대표자협의회를 소집하였다.

4.「6월 민주항쟁」

「6.10 범국민대회 날」

1987년「6월 민주항쟁」은 박종철 고문치사사건 은폐·조작 폭로와「4.13 호헌조치」발표, 그리고 이한열 군의 피 흘리는 사진이 직접적인 기폭제가 되었다. 다른 요인으로는 제5공화국 집권초기 상황, 1980년「5·18 광주민주항쟁」의 엄청난 희생과 좌절, 학생·시민의 민주화운동에 대한 강경진압과 고문사례, 학생 강제징집과 삼청교육대 등의 인권탄압에 대한 국민의 분노가 축적돼 있었다.

6월 10일 시내 곳곳에서는 '박종철 고문치사조작은폐 규탄 및 호헌철폐' 국민시위가 벌어지고 있었다. 경찰은 '6.10 갑호비상령'을 내렸고, 5만 8천명의 경찰을 동원하였다. 내무부장관과 법무부장관은 2일 전에「6.10 범국민대회」는 불법집회이므로 원천봉쇄 하겠다고 발표했다. 서울시내에는 2만 2천명 전경이 주요 곳곳과 대학 앞에 배치되었다.

민주헌법쟁취 국민운동본부(국민운동본부)는 향린교회에서 1987년 5월 27일 출범식을 가졌다. 국민운동본부는 민통련과 통일민주당이 주축이 되어 종교계, 학생운동권 등 광범위한 정치사회단체로 구성되었다. 이 단체들이「4.13 호헌조치」철폐 및 직선제개헌 공동쟁취를 선언하면서「6월 민주항쟁」은 본격적으로 시작된다. 1987년 6월 10일, 국민운동본부가 범국민대회를 열기로 한 성공회서울주교좌대성당입구에는 '고문살인은폐 및 호헌철폐 국민대회'란 플래카드가 걸렸고, 성당주위에는 오전부터 전투경찰로 포위되고 차단되었다.

대성당 안에는 국민운동본부 간부 20여 명이 미리 들어가 있었기에 성공회 신부들과 함께 70여 명이 국민대회를 열수 있었다. 오후 6시 국기하강 식 때 확성기를 통해 애국가가 울려 퍼지고, 분단 42년을 상징하는 종소리 42번이 울렸으며, 모든 차량은 시위에 동참하는 의미로 경적을 울렸다. 무교동일대는 시민들로 메워졌다. 경찰의 저지망이 무너져 전경들이 시위 군중에 구타당하기도 하였다. 이 무렵 서울역, 시청역, 종각 역 등 10 여 곳의 지하철역이 폐쇄되었다. 민추협은 고성능 스피커로 '행동하는 국민 속에 박종철은 부활한다,' '고문당하고 있는 우리의 아들딸들을 즉각 내 놓아라'라는 구호를 외쳤다.

6월 10일 오후 5시경 서울대, 성균관대, 총신대 학생들이 호헌철폐와 독재타도를 외칠 때 주위의 군중들은 태극기를 흔들며 분위기를 고조시켰다. 각 단체들은 성공회대성당 쪽으로 집결하려 하였으나 광화문 네거리 각 방향에서 경찰의 저지로 갈 수 없었다.

6월 10일 민정당 전당대회에서 노태우는 대통령 후보로 지명되었고, 대통령 선거와「88 서울올림픽」이후에 내각제 합의개헌을 관철할 것을 천명하였다. 이날 서울역, 남대문시장, 종로 등 도심 여러 곳에서 대규모 시위대가 경찰에 맞서 공방전을 벌였다. 이날 전국 22개 도시에서 동시다발적으로 시위가 일어났으며, 학생과 시민 30만 명이 시위에 참가하였고, 전국에서 3,800여명이 경찰에 연행되었다. 밤8시경 서울역 광장에 수만명이 경찰과 공방전을 벌였고, 운전기사들도 도로를 매우고 경적을 울리며 시위에 가담하였다. 이날 남대문 경찰서, 안양경찰서, 파출소 29개소, 경찰차량 20대, 4개의 시청청사, 민정당사 4개소 등이 불에 타거나 파손되었고, 경찰 573명이 부상당했다.

1987년 6월 10일, 명동성당에서도 철야토론회와 농성이 벌어졌다. 이날 밤 시위도중에 명동성당으로 쫓겨 들어간 400여명이 시위를 벌였다. 이때 명동성당 마당에는 상계동 철거민들이 천막을 치고 있었다. 명동성당에 공권력을 투입하려 했을 때 신부들이 가로막았다. 밤늦게 경찰에 밀린 학생들이 또 밀려들어와 1,000여명으로 불어났다. 이때 학생진영의 서대협, 청년대표, 시민대표 등이 시위주도를 논의하며 철야농성을 하였다. 경찰은 성당입구를 봉쇄하였다.

다음날 6월 11일, 서울시내의 7개 대학생 1,000여 명이 명동성당 농성학우 구출투쟁 출정식을 갖고 명동으로 몰려갔다. 명동성당 주위는 경찰에 둘러싸였다. 그 다음날 오후에 명동성당 부근의 넥타이부대(은행, 증권회사, 보험회사, 각종 사무원들)는 점심식사시간 대에 1,000여명이 호헌철폐, 독재타도를 외치며 시위에 가담했다. 인근에 있는 고등학생들이 도시락과 빵, 물병을 명동성당 시위대에 전달하였고, 시민들로부터 빵, 간식거리, 약품, 현금 등이 전달되었으며, 남대문 시장 상점에서 의복 등이 보내왔다. 시민들은 시위대에게 박수를 보냈고, 경찰들에게 야유를 보냈다. 중산층이 움직인다는 보고가 청와대에 알려졌다. 이는 비폭력적인 시위였지만 무서운 일이었다. 국민전체의 봉기와도 같은 맥락이기 때문이다.

전두환 정권은 14일 함세웅 신부에게 15일 정오까지 농성을 풀면 사법조치를 취하지 않겠다고 통지하였다. 명동성당 저지경찰 1,500여 명은 6월 14일 밤에 완전히 철수하였다. 명동성당 내 농성자들은 15일 오후에 자진하여 농성을 풀었다. 그러나 대규모시위는 전국대도시와 각 대학에서 계속되었다. 국민운동본부는 공동대표회의에서 최루탄추방의 날과 평화대행진의 날을 예정대로 거행하기로 하였다. 최루탄 추방대회의 날에는 여러 어머니회와 여성단체가 들고 일어났다.

「최루탄 추방 국민대회 날」(6.18)

고려대생 2,500여 명은 동대문에서 연좌시위를 벌였고, 종로 5,6가 일대에서는 자정까지 학생과 시민 1만 여명이 시위를 계속하였다. 6월 12일, 연세대에서는 3천여 명이 모여 '범 연세인 최루탄 규탄대회'를 열었고, 학교 앞 도로를 점거하고 연좌농성을 벌였다. 연세대 백양로에는 이한열 군의 대형 걸개그림이 펄럭였다. 15일에도 연세대 노천극장에서 7천여 명이 집결하여 총회를 열고 격렬한 시위를 벌였다. 6월 16일 연세대에서는 2,000여 명이 '조국을 위한 민주화와 이한열 군 회복을 위한 기도회'를 열었다. 이즈음 연세대 교정에는 '연세여! 조국은 너의 것이다!' '영원한 젊음으로 민주를 이룩하자!' '다시는 지지 않노라 불멸의 꽃이여!' '하나는 전체를 위하여, 전체는 하나를 위하여!'란 구호가 백양로에 줄을 섰다.

6월 18일 최루탄 추방대회의 날 시위에는 전국학생들이 가장 많이 가담하였다. 6월 9일 이후 혼수상태에 빠져 사경을 헤매는 이한열 군의 뉴스는 연일 보도되었고, 이는 전국의 100만 학생들과 학부모들을 집결하게 하는 촉매제가 되었다. 이한열 군이 사경을 헤맬 때 '한열이를 살려내라!' 호헌철폐 타도, 직선제로 민주쟁취를 외치며 연일 시민과 학생들은 거리로 나왔다. 전국곳곳에서는 매일 극렬한 투쟁의 연속이었다. 6월 17일, 서울에서 28개 대학과 지방에서 45개 대학 학생들이 일어나자 문교부는 조기방학을 종용하였다. 서울을 비롯한 전국의 많은 대학들이 하기방학에 들어갔다. 그러나 학생들은 비상연락 망을 통하여 일사분란하게 연합집회를 도모하였다.

최루탄 차를 페퍼포거(pepper-fog)라 불렀다. 최루탄은 폭동진압용 메운 가스로 발암물질을 포함하고 있으며, 파편이 눈에 튀어들어 가는 경우 시력을 잃으며, 결막염, 호흡기질환, 수포, 생리불순까지 유발시키는 독가스탄이다. '사과탄'은 시위현장에서 발사 장치를 쓰지 않고 손으로 던지는, 사과처럼 동그랗게 생겼다고 하여 생긴 이름이다. 직격최루탄은 발사기에 꽂아 쏘는데 직격으로 머리에 맞으면 사망에 이르기도 한다. 위험한 것은 숨을 못 쉬게 하는 자극적인 냄새가 아니라 파편이다. 다연발탄(일명 지랄탄)이라고도 부르는데 전후좌우 할 것 없이 사방으로 튀면서

퍼져나가기 때문에 생긴 이름이다. 가격도 비싸다고 한다. 다 연발탄은 검은 차 페퍼포거에서 주로 발사한다. 학생들은 최루탄을 잠시 중화하는 치약을 손수건이나 마스크에 발랐다고 한다.『시사저널』에 의하면 1990년 기준으로 화염병 1개당 130원, 사과탄은 개당 13,600원, 다연발탄 세트는 549,900여원 정도라고 한다.

1987년 6월 18일에는 경찰의 진압에도 한계가 드러났다. 전국 16개 지역에서 150만 명이 참여하였는데, 그 중 부산에서만 30만 명이 참여했으니 얼마나 시위가 격렬하였나를 상상할 수 있다. 택시 수백 대가 도로를 차단하고 경적시위를 벌였다. 이날 경찰은 1,480여 명을 연행하였고, 경찰차량 13대가 파손되었다.

6월 19일경에 군 병력 투입과 계엄설이 나돌았다. 실제로 전두환 대통령은 1987년 6월 19일 군 출동 준비지시를 이미 내려놓은 상태였다. 그러면 무엇이 계엄령 선포를 미루게 한 것이었을까? 군사정권이 집착해오던 '장충체육관 대통령'을 포기하고, 대통령직선제 개헌안을 수용하게 된데 대하여 누가 설득시켰으며, 배후에 어떤 힘이 작용했을까? 일부전문가와 관계자들은 미국 레이건 대통령이 개입되었다고 했다. 당시 제임스 릴리(James Lilly) 주한미국대사는 1987년 6월 17일에 레이건 대통령의 친서 전달을 위하여 전두환 대통령과의 면담을 요구한 상태였다고 한다. 제임스 릴리의 회고록 *China Hands*에는 1987년 6월 19일 전두환 대통령과 90분간 면담을 가졌으며, 전두환 대통령에게 전한 레이건 대통령의 친서에는 계엄선포반대와 민주화조치요구의 내용이 포함되어 있었다고 한다.

1987년 6월 19에서 21일 사이에 광주, 전주, 목포, 순천, 군산 쪽에서 시위가 크게 일어났다. 이날 서울의 25개 대학과 지방의 40여개 대학에서 시위가 있었다. 6월 19일, 고려대생 3,000여명은 '시국토론회 개최 및 최루탄추방 국민대회 출정보고' 후 교문 밖 경찰과 투석전을 벌였다. 6월 민주항쟁이 격렬해지자 미국은 전두환 정권에 대해 여야 대화를 통한 평화적 해결을 강조해 왔다고 한다. 미국은 1980년「5·18 광주민주화운동」시 참혹한 사태발생으로 우리국민의 반미감정을 이미 경험했다. 그래서 6월 민주항쟁 때는 단호하게 국민의 직선제 개헌요구를 받아들이도록 압박했다고 한다.

김영삼 총재는 전두환 대통령과 영수회담을 요구하였고, 국민운동본부는 호헌조치 철폐, 최루탄 사용중지, 김대중의 연금해제 및 양심수 전원석방과 언론 집회의 자유를 촉구하였다. 미국의 중재로 신군부정권이 계엄령을 내리지 않았다면 미국은「6·29 선언」이면에서 보이지 않는 '큰 형'역할을 했다고 볼 수 있다.

「민주헌법쟁취 국민평화대행진의 날」(1987.6.26~6.29)

6월 22일, 국민운동본부는 6월 22일부터 28일까지를 '민주화 실천기간'으로 정했다. 광화문 소재 새문안교회는 목사와 장로, 그리고 신도 등 1,500여 명이 기도회 후 촛불가두시위를 벌였으나 경찰의 최루탄난사로 교회 안으로 밀려가 1,000여명이 철야농성을 하였다. 같은 날, 연세대 학생 2,000여 명은 가두시위를 벌이고, 전경 150명을 무장해제 시켰으며, 연희파출소를 점거하였다. 6월 23일 연세대 노천극장에서 서대협주최, 서울지역 25개 대학교 2만여 명이 모여 '호헌철폐 종식을 위한 서울지역 청년학도 결의대회'를 갖고, '6.26 국민평화대행진' 적극참여를 결의하였다.

6월 24일 부산에서는 부산교구사제단 소속 신부 80여명이 가톨릭센터에서 농성자 해산 집단구타사건 항의집회를 열었다. 6월 27일에는 부산 범일동성당에서 국민운동본부 주최로 직격최루탄을 맞아 사망한 회사원 이태준 씨의 장례식에 500여 명이 참가하였다. 25일에는 민주당 최루탄 조사 대책특위 소속 10명은 최루탄 제조회사인 S화학을 방문하여 최루탄 제조 중지를 촉구했다. 6월 26일 평화대행진의 날에는 전국 34개 도시에서 140여만 명의 시민이 참가하였다. 이때 3,467명이 연행되었다.

1987년 6월 24일 전두환 대통령과 김영삼 총재간의 영수회담이 있었으나 합의점을 찾지 못했다. 그리하여 국민운동본부는 6월 26일 대 담판의 '국민평화 대행진'을 예정대로 추진하기로 하였고, 기관지『국민운동』창간호를 제작·배포하였다. '6.26 국민평화대행진의 날' 행동지침은 6·10이나 6·18일과 비슷하게 전국 거의 모든 도시에서 가두시위를 하는 것이었다. 민심이 떠난 정부는 억지로 얼마나 버틸 수 있을까? 마지막 카드로 군을 동원하여 계엄령을 내릴 수도 있었으리라. 르네상스시대 이탈리아의 대문호 페트라르카(Francesco Petrarca, 1304~1374)가 한 말이다. "제왕을 위하여 가장 확실한 호위는 군인이 아니라 민심이다"라고.

5.「6·29 선언」

1987년 6월 29일은 한국 민주주의 발전에 큰 획을 그은 날이다. 민정당 대통령후보자인 노태우 대표가 국민의 직선제개헌 요구를 받아들인다는 내용의 특별담화「6·29 선언」을 했기 때문이다. 제5공화국의 헌법은 유신헌법에 따라 통일주체국민회의에서 간접선거로 7년 단임제의 대통령을 선출했다. 대통령이 국가와 정부수반이며, 국회해산권, 비상조치권, 헌법개정 제안 권한 등을 가진 절대권력 구조였다. 그런데「6·29 선언」은 그간 국민이 요구해 온 모든 사항을 전부 수용한다는 획기적인 선언이었다.

대통령 직선제를 통한 1988년 2월 평화적 정권이양, 공정한 경쟁을 위한 대통령 선거법개정, 김대중 씨의 사면복권과 시국관련 사범 석방, 인권존중을 위한 국민기본권 강화, 언론자유의 보장, 과감한 사회정화 조치의 강구 등 모두 8개 항이었다. 이는 우리국민의 요구를 모두 수용한 것이었다. 1987년 7월 1일 전두환 대통령은 시국수습 특별담화를 발표하고, 8개항을 모두 수용하였다.

「6·29 선언」이 있기까지 투쟁세력의 1차적 주체는 대학생들이었다. 100만인 대학생들은 민주화로 가는 방향제시와 정확한 목표제시를 하고 실천에 옮겼다. 그리고 야당정치권세력, 재야세력, 노동운동세력, 종교계, 농민, 중산층까지 전 국민이 합작하여 일궈낸 민주화연합구축의 승리였다.

6월 민주항쟁 때 전두환 대통령과 노태우 민정당대표는 각 정당대표와 재야세력을 대표하는 인사들과 「6월 민주항쟁」 수습대책을 여러 차례 논의했었다. 노태우 대통령의 『노태우 회고록』(上券, pp. 343-44)에는 「6·29 선언」은 본인의 결심으로 이루어진 것이라고 했다. 6월 10일 이후부터는 「6·29 선언」을 "내 책임 하에 내가 한다"라는 신념을 가졌으며, "'직선제'와 '김대중씨 사면·복권'을 할 수 밖에 없다는 생각이 확고하게 자리를 잡아가고 있었다"고 주장한다. 그러나 「6·29 선언」은 6월 10일 경에 전두환 대통령의 결심으로 이루진 것으로 알려졌다. 노태우 후보는 처음에 반대했으나 그 후, 「6·29 선언」이 노태우 후보의 주장과 생각인 것으로 직접 국민 앞에 발표하는 방식을 취한 것으로 알려져 있다.

정당대표 중의 한 사람인 국민당 이만섭 총재는 1987년 6월 20일, 국회 2층 귀빈식당에서 노태우 민정당대표와 회담을 가졌으며, 22일에도 단독으로 만났다. 이 총재는 노태우 대표와 만난 첫날「6·29 선언」과 비슷한 시국수습 7개항을 제안하였으며, 3가지 원칙에 합의하였다고 했다. 이 총재는 "이순신 장군의 말씀 중 필사즉생(必死卽生)이요, 필생즉사(必生卽死)라고 했으니, 옳은 길을 위해 목숨을 바치면 영원히 삶을 얻는 것이며, 소아(小我)에 매달려 살려고 하면 영원히 죽는 것이지요. 여기에 옳은 것이란 당연히 대통령 직선제이고, 소아란 호헌조치를 부른 권력욕을 지칭하는 것이었다." 이 때 노태우 민정당 대표는 "물론 나도 자리에 연연치 않겠습니다. 내가 발 벗고 수습에 나설 것입니다" 라는 대화를 나누었다. 이만섭 총재는 이어서 1987년 6월 24일에 전두환 대통령과 청와대에서 단독회담을 가졌다. 이만섭 총재의 회고록『나의 정치인생 반세기』(문학사상사, pp. 331~33)에 실린 증언과 기록을 인용하고자 한다.

백척간두에 서 있는 오늘의 이 난국을 맞아 취할 수 있는 길은 오로지 한길밖에 없는 줄 압니다. 그것은 떳떳하게 대통령직선제 개헌을 하는 것입니다. 강경파의 주장대로 계엄령과 같은 비상조치는 절대로 선포해서도 안 되고, 선포할 수도 없는 일 아닙니까? 그것부터 먼저 분명히 밝혀 주십시오.
(이만섭 총재)

비상조치는 절대로 선포하지 않습니다. (전두환 대통령)

비상조치를 취하지 않는다면, 남아 있는 길은 대통령 직선제밖에 없질 않습니까? …전 대통령은 내 말을 심각하게 듣고 있었다. 한동안 말이 없던 대통령은 담배에 불을 붙이면서 조심스럽게 물었다. "이 얘기를 노 대표에게도 한 적이 있습니까?" "물론 노 대표에게도 충분히 얘기했습니다. 대통령께서 결심만 하시면, 제가 노 대표를 다시 만나 마음을 굳히도록 하겠습니다."
…나는 이 밖에도 6.10사태 및 시국관련 구속자의 전원 석방, 인권보장 및 언론자유 등 민주화조치, 김대중 씨와 정치규제자들에 대한 사면복권 단행, 정국수습을 위한 비상수습 내각 등도 거론했다. …전두환 대통령은 이만섭 총재에게 노 대표를 만나 한번 더 설득해 줄 것을 부탁하였다.

그날로부터 5일 뒤인 6월 29일「6·29 선언」이 나온 것이다. 국운을 좌우하는「6월 민주항쟁」의 위태로운 고비에서 국가 최고 권력자가 권력을 남용하지 않고, 절제하도록 이끈 데는 겉으로 나타나지 않는 배후에 이만섭 총재와 같은 충정어린 직간과 끈기 있는 노력이 중요한 역할을 하였다고 본다. 최고 권력자의 얼굴을 쳐다보며 직언을 할 수 있는 용기와 정의감, 이는 조선시대로 말하자면 사간원의 간관(諫官)역할을 한 것이었다.

1987년 10월 29일 대통령직선제를 골자로 하는 민주헌법이 국민투표로 확정되었고, 12월 16일 민주적인 절차로 국민의 직접선거를 통해 대통령을 선출하였으며, 1988년 2월 25일 평화적인 정권교체가 이루어졌다. 1988년 4월 26일 국회의원 총선에서도 민주적인 공명선거를 치렀으며, 우리나라 역사상 처음으로 여소야대국회가 탄생했다. 1960년「4·19 혁명」때부터 이어오던 학생들의 끊임없는 민주화운동은 1987년「6·29 선언」으로 27년 만에 그 결실을 맺게 되었다.

국민운동본부는 개헌작업 착수와 더불어 양심수 전원석방과 수배해제를 촉구했다. 7월 3일 연세대에서 서대협주최로 시민과 학생 1만5천명이 시국토론회를 열고, 서울구치소 양심수 100여 명 전원석방을 요구하는 시위를 벌였다. 7월 8일 정부는 양심수 86명을 제외한 시국관련 학생 357명을 가석방하였다. 7월 10일에는 김대중 등 2,335명을 사면복권 시키고, 270명 수배대상자를 해제시켰다. 7월 17일 김대중은 김영삼과 더불어 민주화추진협의회(민추협)의 공동의장에 취임했으며, 구 후 곧이어 대통령 불출마 선언을 번복하였다.

1987년 7월 21일 전국 28개 대학교 교수 534명은 '민주화를 위한 전국교수협의회'를 출범시켰다. 그리고 '민교협'과 '여성의 전화' 등 6개 단체는 학생시위탄압과 여학생성추행 규탄성명을 발표하였다. 8월 14일에는 서울대에서 서대협 주최로 '통일 염원제'를 개최하였는데, 학생과 시민 5,000여 명이 참가하였다. 이때 민주통일민중운동연합(민통련)은 분단의 극복을 위한 시국대토론회를 개최했다.

6. 故 이한열 민주국민장 (1987.7.9)

이한열 군은 뇌사상태에서 27일간 투병하다가 1987년 7월 5일, 민주화투쟁의 시대적 고통과 아픔을 끌어안고 떠났다. 비록 의식불명이었지만 그가 영민하기 전에 「6·29 선언」이 나왔고, 그가 바라던 민주화쟁취는 승리하였다. 이한열 군이 숨지자 서울지역 학생 8천여 명은 연세대에서 7월 6일 이한열 군의 추모집회를 가졌다. 그 전날 7월 5일 이한열 군의 장례식 절차를 논의하기 위하여 연세대에서 서울지역대학생대표자협의회(서대협) 주최로 전국대학 총학생회 회장들이 회의를 했다. 이때 전국대학생대표자협의회(전대협)를 결성하기로 결의하였다.

이한열 군의 분향소 마련이 어려웠다. 처음에 세브란스 병원 지하 1층 장례식장에 분향소를 차렸다. 오래된 건물이라 장례식장은 어둡고 협소한데 수백 수천 명의 조문객을 수용할 수 없었다. 15개의 분향소가 있는

데, 같은 시간에 장례식장을 사용하는 다른 유가족들에게 피해가 너무나 많았다. 밀려드는 인파로 나가지도 들어오지도 못할 정도로 장례식장이 순식간에 마비현상을 빚었다. 필자는 총장과 상의하여 분향소를 연세대 학생회관 1층에 차렸다. 김수환 추기경을 비롯하여 국가요직의 인사들, 야당정계인사들, 각 종교단체장들, 사회의 알려진 인사들은 다 찾아왔다. 정부 측에서 국화화환이 배달되자 학생들은 면전에서 화환을 때려 부수어 흩어버렸다.

이한열 군이 숨졌다는 소식이 퍼지자 병원주변은 몰려든 학생들로 감싸졌고, 캠퍼스 쪽 병원 유리창은 돌멩이 세례로 깨어지는 등, 폭동이 일어날 것 같았다. 필자는 병원장과 함께 철두철미한 보안으로 이한열 군의 시신을 지키기로 하였다. 연세대와 청와대는 가깝다. 만약 연세대에서 폭동이 일어나면 청와대로 돌진할 지도 모른다는 우려가 있었다. 정부 측에서는 장례식을 소규모로 조용히 치루기를 원했다. '이한열이를 살려내라!'는 구호는 연세대 캠퍼스에 울려 퍼졌다.

그런데 갑자기 연세대 상공에는 헬리콥터가 날고, 연세대 주위에는 경찰과 정경으로 겹겹이 포위하였는데, 이유인즉 이한열 군의 시체를 광주 전남대 의대병원으로 옮기려는 계획이었다. 민주화를 열망하는 국민과 학생들과 각종 운동단체들의 슬픔과 분노가 활화산처럼 타고 있는데, 학생들이 순순히 시체를 옮기도록 하겠는가! 정말 큰불상사를 자초하는 경우가 될 것이 불을 보듯 하였다.

이군의 아버지와 누나들은 기자회견을 갖고, "국민장은 잘못된 것이다. 우리는 학생들에게 학생장을 원한다고 했다." 총학생회 측은 "이한열의 아버님께서 모든 것을 총학생회에서 처리하도록 위임받은 것으로 알고 있다. 우리는 국민장을 치를 수밖에 없다"고 주장하였다. 이군의 가족과 총학생회 간에 일시적인 불협화음은 곧 대화로 해결되었다. 이한열 군의 장례식은 최루탄을 맞아 쓰러진 후 꼭 한달만에 5일장으로 모교 교정에서 '민주국민장'으로 치르기로 했다.

연세대 정문과 백양로가 한 눈에 내려다보이는 곳, 언더우드 동상 앞에 장례식장을 차렸다. 그러나 그 자리가 넓지는 않았다. 장례식을 치르기 훨씬 전에 벌써 김영삼 총재그룹이 먼저 도착하여 앞자리 유가족 석을 모두 차지해 버렸다. 그런데 간발의 차이로 김대중 고문그룹이 도착하였다. 누군가 가족석이란 표지판을 학교 측의 허락도 없이 어디로 치워버리고, 제일 앞자리 가족석에 모두 앉아버렸다. 가족석이 없어졌다. 필자는 장례식장 앞자리에 가족석을 다시 마련하도록 하였다.

신촌로터리 노제 · 서울시청 앞 노제

영결식 때 기도는 서울대 학생 고 김세진 군의 어머니인 김순정님이 하였다. 성경봉독은 연세대 총학생회 종교부장이, 이한열 군이 걸어온 길은 이민우(연세대 경영 3), 조가는 연세대 음대 합창단, 한풀이 춤으로 서울대 이애주 교수, 설교는「이 사람이야말로 죄 없는 사람이구나!」하는 제목으로 오충일 목사가 하였다. 조사는 문익환 목사와 연세대 총학생회장 우상호가 하였다. 운구행렬은 신촌로터리에서 로제를 지낸 후, 사직터널을 지나는데 학생들이 "누가 이한열이를 죽였나!" 을 외치며 청와대로 쳐들어가려고 했다. 서울시청 앞에서 1백만 인파가 운집한 가운데 로제를 지냈다. 시청 앞에서 추모그룹이 옮겨가려할 때 청와대로 가자고 외쳤다. 그 일대에는 수경사 전차가 겹겹이 대기하고 있었다. 운구행렬이 서울역 앞을 지나 고속도로로 경찰차 수십 대가 길을 열었다. 전남 광주까지 고속도로변에는 시민들이 끊이지 않았다. 전국적으로 150만 명이 이군의 민주국민장에 참여하였다.

광주 도착, 이한열 군이 졸업한 고등학교에서 노제를 지내고, 도청 앞에서 노제를 지내고 묘지로 떠나려는데, "누가 이한열이를 죽였나? 안 된다, 못 간다!"하며 실랑이를 벌였다. 한 시간 가량 끌었다. 성난 파도 그 자체였다. 필자는 그들 앞에 나가서 타협하고 설득하는데 힘이 들었다. 망월동묘지에 가야하고, 아직도 할 일이 태산이라며 성난 군중에게 애걸복걸하여 빠져나왔다.

「망월동 5·18 민주화 묘역」

묘지에 도착하니 길이 좁아 대형버스가 진입할 수 없어서 인파들이 모두 내려 걸어 들어갔다. 「5·18 광주민주화운동」 본부가 와서 장사진을 치고 있었다. 묘지를 두고는 유가족의 입장, 5·18 운동본부 입장, 연세대의 입장, 정부의 입장이 달랐고, 서로 다른 안을 절충해야 했다. 「5·18 민주운동」 묘지에는 이미 200명 정도가 묻혔는데 거의 찼고 비좁았다. 그런데 정부에서 마련한 이한열의 가묘는 5·18 묘지가 있는 맞은편의 전망 좋은 넓은 곳에 비석도 크게 세워져 있었다. 서울 운동권학생들과 연세대학교 측에서는 넓고 전망 좋은 곳을 선호했지만, 광주의 「5·18 민주화운동」 본부 인사들은 완강하게 반대하였다. 5·18묘지에 묻어야 한다고 강하게 주장해서 2시간 이상 실랑이를 하다가 결국 5·18묘지에 안장하였다. 밤이 깊었다.

이한열 군이 잠든 곳을 돌아보며, 삼우제와 49제에 올 것을 마음속으로 약속하면서 떠났다. 「6·29 선언」이 한 달만 앞당겨 나왔더라도 이한열 군은 죽지 않았을 것이다. 이 나라의 민주화를 위하여 바쳐진 고귀한 희생의 제물이었다. 이한열 군은 나라를 위하여 숨졌으니 영원한 불멸의 영웅이 아닌가. 하지만 아무리 달래어도 가슴 한 구석이 슬픈 것은 어쩔 수 없었다. 서울로 돌아오는 길에 학생처 교직원들과 함께 휴게소에서 타는 마음과 몸을 맥주 한잔씩으로 가라앉혔다. 그 때야 비로소 '아아, 이제 큰일이 마무리 되었구나!'하는 생각이 들었을 때 갑자기 피로가 밀물처럼 몰려왔다. 아래에 1987년 7월 12일자 『조선일보』의 글을 인용하고자 한다.

「**삼우제 · 49제**」

고 이한열 군의 삼우제가 7월11일 낮 12시30분 광주시 망월동 시립공원묘지에서 기독교식으로 거행됐다. 광주 무진교회 강신석목사와 광주 제일감리교회 엄상현목사의 공동 집례로 시작된 삼우제는 이군의 아버지 등 가족 30여 명, 정진위 연세대 학생처장, 5·18 희생자유족, 국민운동 전남본부 관계자 등, 1백여 명이 참석했다.

…삼우제는 분향, 묵도, 기도, 성경봉독, 설교순으로 진행됐다. 강목사는 「한열이는 민족의 자유와 평화, 그리고 민주화를 위해 묻힌 한 알의 밀알이며, 국민모두의 가슴에 영원히 살아있을 것」이라고 말했다. 삼우제는 「천국에서 만나보자」는 찬송가와 축도, 그리고 강목사의 제의에 따른 「5월의 노래」 「아침이슬」제창으로 1시간 만에 끝났다.

연대생들은 이군의 성장과정 등 약력과 자작시, 병상일지, 급우들의 추모편지 등을 담아 제작한 「한열아 부활하라」라는 제목의 24페이지짜리 책100권을 가족들에게 전했다.

1987년 8월 22일에는 광주 망월동 묘지에서 49제에 참석하기 위하여 연세대서 06시 15분에 43명이 버스로 출발하였다. 연세대 교정에서는 49

제를 맞이하여 이한열 추모사진전 등이 열렸다. 학생회관 1층 로비에서 장례식을 중심으로 한 관련 사진60여점을 전시하였고, 학우들은 8.21~22일 도서관 앞에서 49제 추모행사를 가졌다. 이한열 군의 어머니가 이군의 묘를 연세대 교내에 세워줄 것을 요구하였으나 규정상 불가능했다. 대신 교내에 이한열 군의 추모비를 세우기로 하였다.

이한열 군의 추모비는 1주기인 1988년 9월 14일 연세대교정 100주년 기념관 옆 동산에 세워졌다. 비의 높이는 2.5미터, 폭은 0.6미터이며, 제작은 구봉준 씨가 맡았다. 추모비 기념행사에는 박영식 총장, 이한열 군의 부모님, 김대중 평민당 총재, 문익환 목사 등 내외인사 60여 명과 재학생 4백여 명이 자리를 함께 하였다. 총학생회장 우상호 군의 사회로 진행되었다. 박영식 총장은 추모사에서 '젊은 넋의 맑은 민주정신을 기리기 위해 이 돌을 세운다'고 하며, 민주연세의 상징으로 길이 기억될 것이라고 하였다. 제막식 후 학생들이 탑 주위를 한 바퀴씩 돌아 나오는 탑돌이가 있었다. 고 이한열 군은 연세대 동아리 「만화사랑」에서 활동하였는데, 동아리학우들은 추모작품집인 「만화사랑」 제1집을 1987년 9월 18일에 발간하면서 "이 책을 우리의 친구 한열이의 영전에 바칩니다"라고 적었다.

이한열 군의 '민주국민장'이 끝나고 한 달이 조금 지난 후인 1987년 8월 19일, 충남대에서 전국 95개 대학 4,000여 명이 참석하여 100만 학도를 대표하는 전국대학 총학생회협의체로 전국대학생대표자협의회(전대협)가 출범하였다. 전대협은 이한열 장례식을 논의하기 위하여 지난달 연세대에서 서대협 간부들이 모였을 때 이미 협의했었다. 기치는 '구국의 강철대오'였고, 「6·29 선언」을 쟁취한 전국연합 학생운동단체의 자신감과 패기는 등천했다. 전대협은 국가보안법철폐, 주한미군철수, 평화협정 체결, 연방제 통일안 등의 4대 과제를 들고 나왔다. 학생운동의 범주를 벗어난 국가적인 중대한 과제를 서슴없이 부르짖으며 출범한 것이다.

전대협 1기 의장에 이인영 고려대 총학생회장, 부의장에 우상호 연세대 총학생회장, 정책위원장에는 서울시립대 이철우였다. 전대협의 활동목표는 자주적 민주정부수립, 조국의 평화통일, 민중연대, 학원자주화, 백만 학도 통일단결 등을 내세웠다. 서대협과 전대협은 민족해방(NL)계열이다. 이때부터 전대협시대가 열린 것이다.

7. 사통팔달(四通八達) 대화의 장 (1987.9)

전대협 간부들이나 전국대학의 총학생회 임원들은 연합데모의 아지트인 연세대 학생회관을 제집마냥 들락거렸다. 그때마다 총학생회 간부들은 의례히 학생회관 2층에 자리하고 있는 학생처에 들려 자신들이 왔다고 인사하곤 하였다. 물론 학생처장실 문은 언재나 열려있었다. 그래서 외부인사 등이 학생처를 방문할 때는 마주보며 대화할 수 있는 열린 공간이 필요했다. 그럴 때면 필자는 학생처의 내부구조가 마음에 들지 않았다. 관공서의 벽처럼 구획 지워진 칸막이를 통하여 사무를 보는 것이 싫었다. 학부모님들이나 동문들, 그리고 학생들이 상담하려고 오더라도 편히 앉아 차라도 한잔하며 대화할 수 있는 분위기가 아쉬웠다. 연세대 '학부모 협의회'는 회장, 부회장, 이사 등 서울에서 20명, 지방에서 20명 등 40명가량으로 구성돼 있었다.

학생처의 내부구조 변경에 대하여 벼르던 차에, 1987년 9월 말경 주말에 학생처 전 교직원을 비상근무하게 하였다. 목적은 학생처 철창문을 다 없애고, 내부에 동사무소처럼 세워진 분리대와 칸막이를 완전히 제거하는 것이었다. 그런 후, 학생들이 교수와 교직원과 좌담할 수 있게 소파와 응접세트를 학생처 내 몇 곳에 배치하였다. 누구나 학생처에 와서 자유롭게 상의할 수 있고, 대화를 할 수 있도록 공간을 마련하였다. 그 당시 매스컴에서 특별기사거리로 이 광경을 아래와 같은 부제를 달아 상세히 보도하였다. 한 두 기사만 옮겨본다.

"학생처의 철창문과 분리대 칸막이 제거, 학생-직원 거리감 해소됐으면…"

"마음의 벽 허물자, 연대 학생처 새 단장"

"민주사무실, 창구벽 허문 연대 학생처"

최근 연세대 학생처는 민주화시대를 맞아 그간 학생들이 관료주의 발상으로 비난해 오던 학생처의 접수대 칸막이를 모두 치우고, 직원들 좌석을 수평으로 배치하는 등 새롭게 단장. 학생처의 한 직원은 이에 대해 칸막이 때문에 학생처가 옛날 행정관청 같은 딱딱한 인상을 주었던 게 사실이라며 이 같은 변화가 학생들과 마음의 벽을 허물고, 기탄없이 대화하는 계기가 됐으면 좋겠다고. 학생들은 학생처 분위기 일신과 관련, "이제 학생처가 진정한 학생을 위한 사무실역할을 할 수 있을 지는 두고 볼 일이다"며 대체로 긍정적인 반응. (『경향신문』, 1987.9.24)

…대학에서 교수나 직원들이 가장 맡기를 꺼리는 일이 바로 학생처 임무. 우선 학생의 서클, 각종 행사, 교지발간, 병무, 장학금 지급에 이르기까지 업무량이 많다. 게다가 학생활동의 지도 · 감독업무는 가장 힘겹고, 괴로운 일이어서 걸핏하면 학생들의 공격을 받는다. 학생처장은 이미 「경비대장」 쯤으로 전락해버렸다.

최근 연세대학 학생회관 2층 학생처의 분위기가 눈에 띄게 달라졌다. 어느 대학이건 사무실마다 행정기관의 민원창구처럼 높다랗게 창구 벽을 쌓아놓은 게 보통인데, 그 벽을 허문 것이다. 대신 직원들의 테이블을 넓은 방에 오밀조밀 배치해 책상 앞마다 편하게 마주앉아 대화할 수 있도록 의자를 놓고 입구에는 대기용 소파와 함께 업무상 늘 학교당국과 접촉해야하는 학생회 간부들을 위한 소파도 따로 갖추어 놓았다.

학생처를 찾은 학생들은 생소한 분위기에 어리둥절해 하면서도 곧 직원들과 마주앉아 훨씬 거리감 없이 형과 대화하듯 상담을 해 나간다. 「연 · 고전」 행사가 시작 되었는데, 각 책상 사이로 학생들이 바삐 오가는 바람에 사무실은 한층 어수선해졌지만 직원들의 표정은 한결 편안하다. 학생들과 직원들은 입을 모아 "벽 하나 없어진 것이 이렇게 분위기를 바꿔놓을 줄은 몰랐다" 고 말한다. 관료 적인 인상을 덜고, 거리감을 해소해보자는 취지가 적중한 셈이다. 벽 하나의 의미는 대단히 상징적이다. 민주화라는 것도 결국 이렇게 벽을 하나씩 허물어가는 일일 것이다. 저마다 자기 주위에 높이 쳐있는 벽이 없는지를 살펴보아야 할 시점이다. (『한국일보』 이준희 기자, 1987.9.26)

필자는 특히 시골에서 구속된 학생들의 학부모가 찾아오더라도 앉아서 차라도 들며 함께 논의하고 대안을 세울 수 있는 공간이 필요하다고 느꼈다. 학생들은 혁명투사처럼 언행이 거칠지만 정의감과 애국심에 목적의식이 뚜렷하다. 그리고 학부모들은 자식들이 구속되고 나면 이때껏 안이하게 바라보던 사회와 정치·시국문제도 비판하게 되고, 학생들의 주장에 공감하게 된다. 그러기 때문에 학부모들의 심정을 십분 이해하고, 함께 단기·장기적인 계획을 논의해야 한다. 연세대 학부모협의회는 민정당 점거농성 이후 발족되었다. 당시 민정당사농성사건은 민투학련 소속 연세대, 고려대, 성균관대 학생 264명이 연루되었는데, 이중 89명이 연대생이었다. 연세대 학부모협의회는 1985년 12월 12일에 발족한 민주화실천가족운동협의회(민가협)의 모체로 작용하게 된다.

8. 제13대 대통령 선거

김영삼 · 김대중 후보의 국민에 대한 배신

1987년 11월 16일에 대통령 선거일이 공고되었다. 4당 후보로 민정당의 노태우, 민주당의 김영삼, 평민당의 김대중, 공화당의 김종필 후보가 경합을 벌였다. 재야단체들과 전국대학 학생운동단체들은 군부독재종식을 위하여 야당후보의 단일화를 목이 타도록 외쳤으나, 야당 후보인 김영삼과 김대중은 개의치 않았고, 전혀 양보할 의사가 애당초부터 없었다. 양 김씨는 서로가 대통령이 되겠다는 내심을 그대로 노출하였다.

1983년 8월 15일, 미국 워싱턴과 한국 서울에서 김대중과 김영삼 씨가 국민 앞에 함께 서약한 내용이다. "…이제 국민 앞에 자책과 참회의 뜻에서, 온 국민의 민주화에 대한 열망 앞에서 우리 두 사람은 백의종군하는 자세로 하나가 되어 손잡고 우리민족사의 지상과제를 향하여 함께 나가려합니다"라고 했다. 양 김씨가 국민 앞에 한 맹세를 보면 그야말로 민주투쟁을 위하여 마음을 비우고, 자신의 모든 것을 던진 사람들처럼 비쳤다. 국민들의 가슴에 신선한 충격과 감동으로 다가왔다.

김영삼 총재는 1983년 단식투쟁 때 대통령이 되겠다는 욕심을 완전히 버렸다고 하였다. 또한 김대중 민추협 공동의장은 대통령직선제를 현 정권이 수락한다면 비록 사면복권이 되더라도 대통령선거에 출마하지 않겠다는 나의 결심을 천명한다고 밝혔다. (『한겨레』, 1986.11.5)

학생운동권 진영의 서대협과 전대협은 학생운동의 주류로 부상하면서 제13대 대통령선거에 큰 영향을 미쳤다. 1987년 5월에 통일민주당을 창당할 때만 해도 손잡고 웃은 그들은 9~10월 선거 날짜가 임박해오자 복심을 그대로 노출하였다. 같은 당내에서도 동교동계와 상도동계는 서로 멀어졌고, 대통령 후보단일화 회담은 결렬되었으며, 1987년 10월 25일 고려대 대토론회에서 완전히 갈라섰다. 그리고 김대중 씨는 1987년 11월 12일 평화민주당을 창당하였다.

후보 단일화를 위한 서울지역학생대표자협의회(서대협)의 공개서한은 간절한 호소문이었다. 여기 서대협의 공개서한 중에서 몇 줄을 뽑았다.

> …독재의 광란을 잠재우는 마지막 일격을 가하기 위해서는 분열이 아닌 단결을 해야하고, 후보자는 반드시 하나여야 한다고 말입니다. …수많은 열사들의 피흘림, 그리고 다음날 투쟁을 위해 졸린 눈을 부릅뜨고 밤을 지센 학생들의 헌신과 최루탄과 곤봉에 의해 깨어진 머리를 싸매고서 거리를 질주했던 민중들의 투쟁이 어처구니 없는 지방색으로 인한 내부분열과 저들의 마지막 발악인 민주세력 탄압에 의해 물거품이 돼버릴 위험지경에 처해 있는 것입니다.
> …후보출마가 개인의 정치적 욕심이 아니고, 계보의 이해가 걸린 일이 아닌, 구국의 충정에서 민족과 민중의 장래를 생각하신 후의 결심이라면, 우선당장 선거에 이겨 유리한 출발을 위해서, 그리고 민주조국 건설투쟁에서 패배하지 않을 만반의 준비를 갖추기 위해 반드시 해야 되는 일입니다. …상호비방을

중단, 금지하고 단결의 대오를 강화할 것이며, 선거에서의 확고한 승리를 보장받기 위해… (서대협 편집국, 1987.11.10)

선거운동이 11월에 접어들자 서대협 주최로 11월 3일 학생의 날에 명동성당에서 500여 명이 공명선거 보장을 위한 거국중립내각을 촉구하는 기념식을 가진 후 가두서명운동을 전개했다. 전대협 학생대표 50여 명은 철야농성에 들어갔다. 서울에 있는 6개 대학은 '공명선거 감시단'을 발족시켰다. 이때 진보기독학생 1,000여 명은 '기독학생 공정선거감시단'을 조직하여 공정선거감시와 민주정부수립을 위한 준비작업에 들어갔다.

1987년 11월 18일, 『조선일보』에는 고려대 총학간부들의 선거투쟁 조직인 '전국사상투쟁 위원회(전사투위)'가 공안당국에 적발되었다는 보도가 있었다. 북한의 지령을 받고 있던 전사투위는 고려대 총학생회간부 11명을 포섭하여 북한방송을 청취케 하고, 유인물을 제작하며, 총학간부의 사상 및 투쟁방향 지도 팀을 만들어 민족해방인민민주주의 혁명(NLPDR)이념으로 교육시킨 뒤, 서대협과 전대협을 연합하여 거국중립내각구성을 위한 1천만 서명운동을 벌인다고 했다. 이 사건과 관련하여 국가보안법 위반혐의로 8명을 구속하고, 14명을 수배했었다.

야당 대선주자들의 단일후보전략이 실패하자 학생진영은 3파로 갈라졌고, 재야민주세력도 분열되었다. 김영삼 후보는 당내경선을 통해 후보단일화를 하자고 제안하였으나, 김대중 후보는 호남과 서울에서 몰표를 믿고 오히려 '4자 필승'론을 주장하며 후보단일화에 불응하였다. 제13대 대선은 지방색이 뚜렷했다. 노태우 후보는 대구를 중심으로 한 경북표를, 김영삼 후보는 부산을 중심으로 한 경남표를, 김대중 후보는 광주를 비롯한 전라 남·북도 표를, 그리고 김종필 후보는 충청도표를 압도적으로 얻을 것을 예상했다. 특히 김대중 후보는 전라도의 몰표와 진보·개혁세력, 그리고 전대협을 비롯한 학생층의 지지를 받고 있어서 수도권에서도 유리하다고 판단했다. 1987년 9월 29일 후보단일화 회담이 결렬되자 사회 일각에선 야당후보에 대한 비난의 화살을 날리기도 하였다.

대통령 선거 때 학생운동세력의 분열

야당후보의 단일화가 실패하자 학생운동진영도 후보 지지에 따라 분열되었다. 전대협(NL계열)은 처음에 야당 후보단일화를 위하여 노력하였으나 도저히 이룰 수 없음을 인식하게 되었다. 이 때 일부 학생들은 민중후보 출마론을 제기하며 거국 중립내각제 '민주연립 정부안'을 주장하며, 실천대회를 열기도 하였다. 결국 학생운동진영은 비판적 지지파, 후보 단일파, 민중후보 추대파 등으로 분열되고 말았다. 전대협은 온갖 노력을 다했으나 실패하자 결국 김대중 후보를 지지한다고 밝혔다.

민중진영의 독자적인 후보를 내자는 제헌의회CA계열은 11월 11일, 민족통일 민중운동연합 부의장 백기완을 민중후보로 추대하였다. 제헌의회 CA그룹은 민민투와 민민학련 등을 결성한 지도조직이다. 노동운동단체는 CA그룹과 함께 백기완 민중후보를 지지했다. 이때 학생들은 제도권 합법정당 건립의 필요성을 절감하고, 11월 23일에는 민중당 결성 및 군부독재 종식을 위한 '전국학생 민중후보 선거대책위'를 발족하였다.

연세대 총학생회는 1987년 11월 8일에 '군부독재종식과 거국중립내각 쟁취 및 공정선거보장을 위한 범국민결의대회'를 개최하였다. 11월 30일에는 '공정선거를 위한 선거감시위원단 연세대학교 본부'를 발족하고, 12월 2일에는 군부정권종식과 후보단일화를 위한 연세인 총궐기대회를 열었다. 그리고 12월 9일에는 '선거감시귀향단발대식'을 가졌다.

대선시기에 인천지역민주노동자연맹(인민노련)이 발족하였다. 이 단체는 백기완 민중후보 진영의 핵심역할을 담당했다. 분열된 학생운동진영에서도 일부는 백기완 후보를 지지하였다. 백 후보는 전대협이 제안한 '민주연립 정부안'을 민주당과 평민당에 제의하였으나 뜻을 이루지 못하자 대통령후보를 사퇴하였다. 민주연합을 목표로 추진했던 민중당 설립노력은 1988년 3월, 제13대 국회의원 총선을 앞두고 '민중의 당'을 창당하게 된다. 그리고 전노협(1990년), 민중당(1990년)창당 등으로 민주노조운동 전교조(1989년)의 활성화와 노동자계급의 정치적 진출을 가속화하는데 기반을 마련하게 된다.

대선의 열기가 들끓어오를 때, 1987년 11월 29일 KAL기 폭파사건이 일어났다. 이라크 바그다드를 출발하여 서울로 향하던 대한항공 858기가 미얀마근해 상공에서 폭파되었다. 탑승객 115명 전원이 사망하였다. 이는 북한 김정일의 사주로 「88 서울올림픽」과 대선방해공작을 하기 위함으로 추정했다. 투표전날 대한한공 폭파주범(김현희 일명 마유미)을 바레인에서 체포하여 압송하는 장면은 대한민국 국민의 눈과 귀를 모았다. 국민의 안보에 대한 불안의 심리는 '안정이냐, 혼란이냐'를 기치로 내건 노태우 후보 쪽을 돕는 일이었다. 이토록 불안하고 혼란스러운 대선정국에서 야당후보들은 국민과의 약속을 저버리고 찢어지고 분열되어 반목할 때, 노태우 후보는 '보통사람의 시대'를 슬로건으로 내걸고, 대안 없는 투쟁만으로는 나라를 이끌 수 없다고 힘주어 말했다. 그리고 권위주의 통치의 청산과 민주개혁을 표방하며, 올림픽 후에 중간평가를 받겠다고 말했다. 이미 대선결과는 예측할 수 있었다. 국민의 가슴속에는 끝내 이루지 못한 야당후보단일화가 오래토록 곱지 않은 기억으로 남아있게 될 것이었다.

연세대 총학생회에서는 학생처장과 교무처장에게 '의뢰서'를 보내왔다. 1987년 11월 26일에 다음의 안건으로 총학생회를 개최하고자 하오니 당일과 11월 25일 오전수업을 휴강조치 할 수 있도록 교무위원회를 열어주실 것을 요청한다는 것이다. 내용인즉 토론회와 학기말고사의 시기 등 학사일정과 민주수호를 위한 선거감시인단 구성, 그리고 범국민 후보단일화방안에 대하여 논의하겠다는 것이었다. 학생민주화운동진영에서 얼마나 열성 있게 대선에 임했나를 가늠할 수 있는 문건이다. 연세대 김병규 총부학생회장이 대학당국에 드리는 글 중에서 몇 줄 옮긴다.

> 유사 이래 나라와 겨레의 선봉에 서서 외세와 싸우고, 부정에 항거했던 이 나라 젊음이 조국의 미래를 좌우할 연말시국을 외면할 수 있겠습니까. 또한 그러한 뜻은 교수님들께서도 가지고 계시리라 믿습니다.
>
> 얼마 전 이웃나라 필리핀에서는 마르코스 독재를 청산하기 위해서 필리핀대학의 총장은 몸소 선거 감시단 활동에 나섰고, 그 학생들은 독재정권의 휴교령에도 불구하고 대대적으로 선거에 나섰음을 우리는 기억하고 있습니다. 바로 그 교훈을 외면할 수 없기에 이번 11월말부터 12월 중순까지는 연세인 모두가 집단된 의지로서 단결된 행동을 해나가야 한다는 생각입니다. 따라서 연세학우가 함께 모여서 "학사일정의 조정문제와 향후 활동계획"을 진지하게 논의하고자 하는 25,26일 양일간의 오후수업을 단대총회와 '어깨동무제' 그리고 '총학생회'로 대체할 수 있도록 요청합니다.
>
> (연세대 총학생회, 1987.11.20)

연세대 총학생회는 기말고사 시기를 대통령선거 이후로 연기해 줄 것을 요구하며 기말시험을 거부하였다. 그리고 다음의 결의문을 발표하였다.

> 모이자, 연세로! 결판내자, 후보단일화! 직선제도 국민의 뜻, 단일화도 국민의 뜻, 후보단일화는 양 김씨만의 문제가 아니다. 「6월 민주항쟁」, 국민은 무엇을 위하여 그토록 처절히 투쟁하였나? 이 절박한 상황에서 양 김씨의 동시 출마는 누구를 지지하는 가가 선차적인 문제가 아니다. 양 김씨의 동시 출마는 국민적 위기감을 더욱 고조시키고 있다. 중요한 것은 군부독재를 확실하게 종식시키기 위하여 후보 단일화를 이루어야 한다고 외쳤다.
>
> (「우리의 결의」, 연세대학교 총학생회, 1987.12.6)

대학교정이 선거유세장으로 변했다. 연세대에서 서대협과 전대협이 주동이 되어 민주쟁취청년학생 공동위원회 거국내각 쟁취실천대회를 열었다. 운동권학생들이 특정후보를 정면으로 거부하고 비방하면서 반대운동을 벌였고, 정당 지구당에 돌과 화염병을 투척 하는 등 선거분위기를 크게 해쳤다. 심지어는 특정후보를 비방·반대하는 편지를 보내기도 하였다.

1987년 12월 16일에 공명하게 실시된 대통령 선거에서 민정당 노태우 후보는 36.6%, 민주당 김영삼 후보는 28%, 평민당 김대중 후모는 27%, 공화당 김종필 후보는 8%득표하였다. 수년간 끈질긴 민주화투쟁 끝에 치러진 직선제! 그토록 '군부독재 파쇼타도'를 외쳐댔지만 결국 5공화국 군부정권의 연장선상에서 제6공화국이 출범하게 되었다.

5 민주화 ·「88 서울올림픽」· 학생처장을 마치며 (1988~89)

1988년을 맞이하여 우리국민의 가슴은 여느 해와는 달랐다. 온 국민이 수년간 갈망해 오던 민주화를「6·29 선언」을 통해 이루어냈다는 자신감과 승리감으로 가득 차있었다. 또한 1988년은 우리가「88 서울올림픽」을 성공적으로 치르기 위한 준비를 해야 하고, 민주총선을 공명정대하게 치러야 하는 이중적 과제를 안고 있었다. 학생운동권 진영에서는 올림픽 개최 전날까지도 남·북 올림픽 공동주최를 이슈로 하여 크고 작은 시위를 벌렸다. 하지만 세계제전을 성공적으로 치러야 한다는 전 국민의 마음가짐에는 흔들림이 없었다.

1988년 2월 25일 평화적 정권교체로 노태우 대통령의 제6공화국 출범과 함께 시국사범 7,234명이 사면·복권되었다. 4월 26일에는 민주총선을 통하여 헌정사상 처음으로 여소야대의 제13대 국회가 탄생했다. 정국의 주도권을 잡은 여소야대국회는 법과 제도 개혁에 박차를 가했다. 16년만에 국정감사를 실시(88.10.4~20)하고, 양심수 석방을 위한 결의안이 통과되었으며, 각종 악법 개정과 폐지 및 5공 비리와 광주문제를 위해 각각

특위구성을 통한 청문회가 개최되었다. 그리고 전직대통령의 친인척 비리와 군사정권의 실정을 파헤칠 수 있게 된 것도 민주화가 실현되었다는 증거였다. 우리국민은 끝내 민주화를 이룩하였고, 더 나아가「88 서울올림픽」을 통해 동서화합의 장을 창출해내었으며, 자유민주주의 실현을 위한 발전을 가속화하였다.

1988년에서 1989년 사이에 세계의 역사에도 엄청난 변화가 일어났다. 소련의 고르바초프(Mikhail Gorbachev) 서기장은 1985년부터 정치·경제 개혁(Perestroika) 개방(Glasnost)을 시작하였다. 그리하여 고르바초프는 소비에트연방의 지배하에 있던 동유럽 여러 나라들에 대하여 통제완화정책을 펼쳤다. 그러한 과정에서 1988년 3월에 고르바초프가 유고슬라비아를 방문했을 때 브레즈네프 독트린(Brezhnev Doctrine)폐지를 선언했다. 이는 브레즈네프가 1968년 폴란드공산당 제5차대회 연설에서 "공산주의 적대세력들이 공산주의국가를 자본주의로 바꾸려한다면 그 해당국가 뿐만 아니라 공산주의 진영 모두에게 문제가 되므로 무력개입도 불사하겠다"고 선언했다. 이를 브레즈네프 독트린이라 했다.

1989년은 '동유럽 혁명의 해'로서 민주혁명이 시작된 해이다. 베를린장벽이 무너지고(1989.11.9), 그 다음해에 독일은 통일(1990.10.3) 되었다. 구체적으로 살펴보면 1989년 6월에 민주화노동조합연대로 폴란드붕괴, 같은 달에 유고슬라비아 붕괴시작, 그리고 8월에 헝가리 공산당 해체, 11월에 체코슬로바키아 붕괴, 그리고 12월 25일에는 루마니아의 독재자 니콜라에 차우셰스쿠(Nicolae Ceausescu)가 혁명군에 의해 처형되었다. 이렇듯 동구권에서는 도미노현상으로 공산당권이 쓰러지고, 대통령제나 내각책임제의 민주정부가 수립되었다. 결과적으로 반공산주의 물결은 동유럽 나라들을 소련의 통제로부터 해방시켰고, 세계2차 대전

이후 계속된 냉전체제(1945~1989년)는 미국의 부시(George Bush)대통령과 소련의 고르바초프 서기장과의 지중해의 몰타(Malta, 1989.12.3~4)선언으로 종식되었다. 그 후 소비에트연방체제는 1991년에 해체되었다.

1. 1980년대 대학문화

대학은 교육하고 연구하며, 진리를 실천하고 봉사하는 문화공간이다. 그런데 불행히도 1980년대는 대학이 독재체제에 대한 시위와 투쟁의 장으로 변했고, 학생들은 그 과정에서 투사적인 운동문화를 창출하였다. 1980년대 학생민주화운동은 반외세 투쟁을 통하여 '민족자주'를 지향했고, 군부파쇼 타도를 통해 민주화쟁취를, 그리고 한반도분단을 해결하기 위해 '통일운동'을 펼쳤다. 수많은 정파와 투쟁세력의 이름으로 명명했지만 학생민주화세력의 목표는 3가지,「자주」,「민주」그리고「통일」이었다.

역사적 연계선상에서 1960년대와 1970년대를 잠깐 돌아보고, 80년대 대학문화가 우리사회에 미친 영향을 살펴보고자 한다. 1960년대 대학문화는「4·19 혁명」을 통해 자유당 일당독재를 무너뜨린 경험으로 학생들의 사회참여의식이 높았다. 경제적으로 파산지경에 이른 국가경제를 재건하기 위하여 위정자와 국민이 '하면 된다' '우리도 할 수 있다'란 슬로건 아래 정신적으로 일체를 이룬 시기였다. 이때는 반일감정이 강했다.『사상계』,『청맥』등과 더불어 민족주의사상이 뜨겁게 달아올랐던 시대였다.

1960년대 대학생들 중에는 고학생이 많았다. 중고등학생들을 가르치는 가정교사로 생활하면서 자신의 학비를 마련하는 대학생 수가 전체학생의 30%가 넘었다. 가난했어도 대학생은 엘리트 의식이 강했고, 국민계

몽을 위한 조직을 형성하여 활동하였다. 그리고 그 당시에 여성이 대학교육을 받는 숫자는 매우 적었으며, 가정이 부유한 학생에만 제한되었다. 푸른 5월, 이화여대 개교기념일이 오면 카니발과 메이퀸(May Queen)축제가 열렸다. 몇 백 명씩 남여쌍쌍파티를 여는 낭만이 있었다. 1960년대 운동노래로는 '해방가,' '정의가,' '우리 승리하리라,' '오 자유'등을 즐겨 불렀다고 한다.

1970년대 대학문화에 큰 영향을 준 것은 청계천 피복노조의 노동운동가 전태일의 분신사건이었다. 이 사건은 학원가와 지식인층에 일대 충격이었고, 사회전반에 엄청난 반향을 불러일으켰다. 1960, 70년대를 대표하는 저항시인 김지하의 고발문학도 학생운동진영에 큰 영향을 미쳤다. 1970년대 유신체제 아래 학생운동은 침체되었다. '시위하다가 처참하게 당하지 말고, 통기타나 치고 생맥주를 마시라' 란 말이 학생들 간에 유행하였다. 이때는 개인주의와 이기주의가 고개를 들기 시작할 때였다. 이때 각 대학마다 노래동아리가 생겼다. 1970년대 학생운동 노래 중에는 김민기의 '친구,' '아침이슬,' '금관의 예수,' '상록수' 등이 유행했다. 1970년대에 대량으로 유입되는 서양문물에 대항하여 민족문화 보존운동이 일어났다. 그리하여 학생들은 전통 민속예술 확산운동을 전개하였다. 대학가의 5월 대동제에는 민요와 노래패의 공연과 마당극, 풍물놀이, 탈춤 등의 민속놀이가 성행했다.

1980년대 대학문화는 민주화운동을 통하여 조성된 공동체문화요, 군부독재에 항거하는 시위문화요, 투사문화였다. 학생들은 사회과학서적을 폭 넓게 읽고 토론하였다. 학생들의 이념논쟁 바탕에는 마르크스-레닌주의가 깔려있었고, 민중(노동자, 농민, 도시빈민, 청년학생 등)이 주인이 되는 사회를 이상향으로 여겼으며, 사회의 계급모순 타파와 노동해방을 부르짖었다. 이때 박노해(본명 박기평)의 시집『노동의 새벽』은 1984년에 베스트셀러였다.

대학가에서는 4월에 진달래가 필 즈음「4·19 혁명」기념행사를 시작으로 하여 5월 대동제로 이어졌고, 이는「5·18 광주민주화운동」의 기념행사로 이어져 마지막 날에는 대규모 연합시위로 끝맺음 했다. 이때는 '임을 위한 행진곡,' '선봉대에 서서' 같은 전투적인 개사곡이 유행하였고,「5·18 광주민주화운동」에 대한 영화 상영을 통한 폭로전, 시사풍자 연극제, 그리고 해방춤을 비롯하여 각가지 대동놀이를 하였다.

대학촌의 카페는 세미나를 하고, 사회주의에 관한 독서를 한 후 토론하며, 시국을 성토하는 휴식공간이었다. 학과선배들과 함께하는 서클·동문회·기타 집회 등에서도 군부독재타도와 민주화운동을 하기 위한 계획과 전술을 협의하곤 하였다. 운동권학생의 책가방 속에는 전공서적과 함께 허수아비를 만들 신문지나 재료가 들어 있었다. 시위현장에는 펄럭이는 깃발과 구호, 피켓과 대형 걸개그림, 그리고 감정의 통일로 출렁이는 운동노래 등의 투사적문화의 일색이었다.

이 과정에서 운동권학생들은 제적당하거나 감옥에 가는 것을 두려워하지 않았다. 내 한 몸의 출세나 안위를 생각하지 않았다. 개인 보다는 단체가 앞섰다. 학생이 도서관에 가는 것이 시위하는 학우들 앞에 부끄럽게, 죄스럽게 여겨지던 시대였다. 어느 야당정치가의 구호처럼 행동하는 양심을 실천하며, 불의에 대한 침묵을 부끄럽게 여겼다. 학우가 끌려가는 모습을 보고 슬픔과 분노를 삭이기 위해 담배를 피우며 소주를 마셨다. 그나마 온전히 남아있는 자신을 돌아보며 죄의식으로 괴로워했던 대학문화요, 체제에 대한 단체 항거문화였다.

아름다운 교정! 그 싱그러운 청송대 숲! 대학 캠퍼스치고 유난히 꽃이 많은 연세대학교이다. 하지만 1980년대에는 백양로에 나비나 잠자리가 나는 것을 보지 못했다. 최루탄 매운 냄새가 떠날 날이 없었고, 백양로에는 쳐부수자, 타도하자란 구호만 펄럭였다.

1980년대 초에 우리국민의 대중문화에도 많은 변화가 있었다. 1982년에 통행금지가 해제(1982. 1. 5)되고 학생들의 교복과 머리스타일이 자율화되었다. 청소년 에게는 꿈과 정열을 갖도록 격려했다. 그리고 국민에게는 건전한 여가선용을 제공한다는 의미에서 프로야구단이 출범(1982. 3. 23)하였다. 이는 우리나라가 스포츠 강국으로 가는 이정표로 작용하기도 했다.

갖가지 민족적인 행사 중 민중예술 전 분야의 행사는 민족적 색채를 짙게 띠었다. 1984년 4월, 민중문화운동협의회가 결성되었고, 민족문학활동이 활발하였다. 민족문화운동협의회(민문협, 1984. 4. 14)가 결성되었다. 표현의 자유와 사회의 민주화를 위하여 자유실천문인협의회(1984. 12. 19)가 결성되었으며, '창작과 표현의 자유에 대한 문학인 401인 선언'(1985. 8. 1)을 발표하였다. 1985년 9월 20~21일에는 서울과 평양에서 분단이후 처음으로 남북이산가족 상봉과 함께 고향방문 예술단 공연을 교환하였다. 1988년 12월 23일에는 한국민족예술총연합(민예총)이 출범하였다.

학생민주화운동과 직접관계가 있는 분야가 민중미술이다. 이는 민주화운동과 민주노동운동과도 맥을 같이한다. 노동운동팸플릿의 표지와 풍자그림, 가두시위 첨병부대의 걸개그림과 구호 등은 결속력을 강화했다. 광장이나 대중 집회의 대형 걸개그림만 보아도 시위의 내용을 읽을 수 있었다. 민중미술은 고발적인 색채가 강하기 때문에 민중미술작가들의 전시회에 공안당국은 예민했다. 1985년 아랍문화원 민중미술전시 때

화가들을 구금하기도 하고, 작품을 압수하며 전시회를 강제 철거하였다. 서울 인사동에 있는 그림마당「민」에서는 통일 전, 반고문 전, 풍자 전, 탄압사례 전, 여성과 현실 전, 정치선전 전 등이 열렸다. 민중미술은 민주화 실현 이후 1990년대 중반에 들어서 빠른 속도로 쇠퇴하였다.

1980년대 대학문화는 운동문화였고, 반체제 투사문화였다. 반독재 민주화·반외세 민족자주화·반부르주아 독점자본체제에 맞선 투쟁운동은 민족과 민중의 편에 동승했기 때문에 민중문화예술 전반에 걸쳐 많은 영향을 미쳤다. 역설적이지만, 강경진압 아래서 시련을 겪을수록 학생운동 세력은 더욱 날을 세웠고, 정파를 떠나 뭉쳐야할 때는 일사분란하게 일체를 이루었다. 1980년대 학생들은 그들의 젊음과 학창생활을 민주화투쟁에 바쳤고, 그 보상으로 이 땅에 민주화란 나무를 심는데 큰 힘이 되었다.

2. 학생통일운동(1988~1989)

「남 · 북 학생 판문점회담」

본 저서는 학생들의 민주화운동을 핵심주제로 조명하였다. 그러나 이미 1980년대 학생운동을 민주화운동, 노동운동, 그리고 통일운동으로 축약한 바 있다. 학생들의 민주화운동과 노학연대 활동은 대부분 짚어보았다. 학생들의 통일운동 또한 필자의 연세대 학생처장 임기 동안에 일어났고, 1988년 「6.10 남북학생 판문점회담」과 「8.15 남북학생 판문점회담」을 위한 전국대학생연합 총궐기대회와 출정식이 모두 연세대에서 일어났었다. 우리는 언젠가는 북한을 끌어안아야 하고, 통일을 해야 하는 민족적 과제를 지니고 있다. 하지만 「88 서울올림픽」을 목전에 두고 저돌적으로 밀고나온 학생들의 통일운동은 세계적인 축전을 개최하는 우리나라에 사회적 혼란과 불안감을 조성하기도 했다. 그러나 학생들의 통일의지와 염원은 진지하고도 강렬했다.

학생통일운동의 추진과정

민주화쟁취로 자신감을 얻은 학생운동진영에서는 1988년도를 '민족통일의 원년'으로 삼았다. 1988년 3월 새 학기에 서울대 총학생회회장선거에서 후보로 나온 김중기(철학 4)가 유세에서 '김일성대학 청년학생에게 드리는 공개서한'을 발표한 것이 시작이었다. 서한 내용에 김일성종합대학에 민족화해를 위한 국토종단 순례대행진을 하고, 서울대학교와 김일성대학교가 함께 민족대단결을 위한 공동청년체육대회를 개최하자고 제안하였다. 이를 위해 6월 10일 남북학생회담 실무회의를 판문점에서 갖자고 하였다. 이 제안에 대해 북한의 김일성종합대학 학생위원회가 보낸 동의서한의 내용이다.

「남조선 대학생들에게 보내는 편지」

우리는 오는 6월 10일 오후 3시 판문점에서 남북학생 회담을 가지자는 그대들의 제의에 전적으로 동의하면서 남쪽 학생대표들의 규모에 상응하게 12명의 대표를 보낼 것이다. 우리는 또한 북남학생회담에서 국토종단 대행진과 북남청년학생체육대회의 개최, 남북으로 흩어진 가족들과 청년학생들과의 교류, 올림픽 공동개최 문제를 토의한 데 대한 그대들의 의견도 찬성한다. 북남학생회담의 원만한 준비를 위하여 우리는 본 연합회에서 남북학생회담

> 북측 준비 위원회를 내오기로 하고, 김일성 종합대학 학생위원장을 우리 측 위원장으로 하는 준비위원회를 구성했다. …투쟁의 깃발을 높이 들자!
> (평양, 1988. 5. 17)

북한은 1988년 1월에「88 서울올림픽」불참을 천명했었다. 그러나 학생운동진영에서는 1988년 5월 13일 연세대에서 서울지역 26개 대학 학생 3,000여 명이 서울지역총학생연합(서총련)발대식을 갖고, 5월 14일 남북청년학생 체육회담 성사 및 공동올림픽 쟁취를 위한 범시민 학생결의대회를 열었다. 서총련은 핵전쟁·군사훈련·팀 스피리트 훈련반대, 전술핵무기 철수, 평화협정체결, 상호 군사력과 군비축소 등을 주장하였다.

미 태평양 사령부가 한국에 전술핵무기를 배치한 것은 1958년 1월부터이다. 1987년 12월 8일에 미국의 레이건 대통령과 소련의 고르바초프 서기장은 미국 백악관에서 중거리핵전력(Intermediate-Range Nuclear Forces: INF)을 3년 안에 폐기하기로 협정하였다. 이 협정에 따라 1991년 11월에 미국은 한국에서 전술핵무기를 철수하였다.

학생들은 '우리의 소원은 통일'이란 노래를 불렀고, 이즈음 민중운동화가들은 백두산과 무궁화 꽃을 소재로 한 통일그림을 그렸다. 1988년 5월 15일에 조성만(서울대 화학과 2) 학생이 '척박한 땅 한반도에서 한 인간이 조국통일을 염원하다'라는 메시지를 남기고 명동성당 교육관 옥상에서 투신한 슬픈 사건이 일어났다. 5월 20일에는 서총련 산하 '애국청년결사대'소속 학생 7명이 미대사관에 사제폭발물을 투척하며 반미구호를 외쳤다. 운동권학생들은 반미운동과 통일운동을 강하게 결부시켰다.

1988년「6.10」과「8.15 남북학생 판문점회담」

전대협과 서총련의 연합행사가 1988년 6월 8일부터 10일까지 연세대에서 계획되어 있어서 집회·시위·철야농성 등에 대비하여 학교 측은 비상근무체제에 들어갔다. 학생들의 용의주도한 준비과정을 읽을 수 있기에 '연세대 총학생회의 실무보고서'를 옮겨보았다.

서울지역은 중앙도서관, 경인지역은 공대, 강원지역은 학생회관 2층, 4층, 충청지역은 이과대, 영남 지역은 상경대, 호남지역은 체육관, 통일선봉대는 학생회관 1층, 그리고 중앙본부는 학생회관 3층을 사용한다. 앰프를 대여하고, 각 대학의 앰프를 당일 연대로 집결하도록 하였다. 걸개그림은 각 학교에서 총수집하며, 집회명칭 현수막을 제작하였다. 각 학교별로 만장 3개씩 작성하였다. 연세대 운동장에 간이 화장실을 설치하였다.
4만 명 이상의 학생들이 한꺼번에 식사하기는 시설부족과 시간부족이다. 그리하여 대부분 준비된 도시락(빵 또는 김밥)으로 해결하며, 자판기와 간이식당을 임시 개설하였다. 김밥, 도시락, 빵 주문은 2일 전까지 학생복지위원회 사무실에 주문하면 된다. 침구는 서울지역 각 학교는 박스를 1,000개 씩을 수집하여 9일 오전까지 연세대로 가져오도록 했다. 모든 참가학우들은 2박 3일 철야에 대비 잠자리용 침구로 빈 박스를, 서울지역 학생들은 돗자리와 빈 박스, 두꺼운 옷을 준비하고, 세면도구를 지참하며, 지방학우들은 지역별 문화공연 프로그램을 준비하도록 하였다.

1988년 6월 10일, 연세대에 전국 40개 대학 학생 2만여 명이 결집했다. 전대협 학생대표들은 머리에 흰 띠를 두르고 태극기를 몸에 휘감고 통일염원 글귀를 써 붙였다. 교정에는 걸개그림과 대자보, 그리고 깃발들이 펼럭였다. 제주도 한라산봉 흙이 백두산 흙과 합하기 위하여 대표단에게 전해졌다. 출정식 후 연세대를 출발한 대표단은 경찰의 원천봉쇄망을 뚫지 못하였다. 이날 모인 전국학생은 교내집회를 하였고, 일부학생들은 시내에서 산발적인 시위를 벌였으며, 890여 명이 연행되었고 30여 명이 구속되었다.

「8.15회담」 가자! 남북은 통일로!

한라산에서 국토순례 대행진 출정식, 연세대로 집결, 15일 판문점으로!

전대협의 두 번째 시도는 1988년 「8.15 남북학생 판문점회담」이었다. 학생들은 8월 9일, 한라산 백록담에서 국토순례 대행진 출정식을 시작으로 하여 15일 연세대로 집결한다고 『연세춘추』 8월 8일자에 실렸다.

> 「공동 올림픽 쟁취와 평화협정 체결을 위한 국토순례 대행진」이 88년 8월 9일 한라산 백록담에서 출정식을 시작으로 한주동안 계속된다. 이번 국토대행진 및 8.15 회담은 「한라에서 오라! 백두에서 남북은 통일로! 양키는 아메리카로!」라는 주제로 제주도, 서울 등 전국에서 치러진다. 학생 · 시민 · 해외동포 1,000여 명이 함께하는 「통일선봉대」가 부산과 목포에서 출발, 대전을 거쳐 14일 서울로 한데 모이게 된다. 이날 대학로에서 대동제를 가진 뒤, 연세대학교에서 결의대회를 갖고, 다음날 15일, 백만학도 출정식을 한 뒤, 판문점으로 향한다.

학생들은 국토순례 대행진을 통해 대북 적대의식을 민족공동체 의식으로 전환시키고, 민주사회단체와 통일열기를 끌어 모아 통일을 앞당긴다는 목적이었다. 학생들은 투쟁세력을 넓히기 위해 서울지역대학생총연합 건설추진 위원회를 서울지역총학생연합으로 흡수·통합시켰다. 그러나 학생들의 두 번째 계획 역시 정부의 원천봉쇄로 무산되었고, 2,020명이 이날 경찰에 연행되었다.

학생들의 통일운동과 국민의 우려

문교부는 "학생들의 이상주의적 주장과 제안에 대하여는 대학인 모두의 반성을 촉구하며, 무분별한 반미나 통일논의가 내포하고 있는 위험성과 허구성을 대학인의 학문적·교육적 접근 노력으로 일깨워주어야 한다"고 하였다.

학생들의 통일운동에 대한 서울대 1~3학년 대상의 설문조사에서 약 60%가 과격하다거나 비현실적이라고 응답했다고 했다. 북한 측은「88 서울올림픽」을 앞두고 '대남 통일전술의 호재'로 삼아 남한 내부의 혼란과 갈등을 조성하려 하였다. 북한측은 8월 8일 백두산을 출발, 판문점으로 행진해 「8.15 남북학생 판문점회담」에 나올 것이니 이에 상응하는 행동을 취하라고 선동하고 있었다.

3야당 총재들도 공동성명에서 "대화를 통해 국민적 합의를 이루어 나가면서 통일문제를 논의해 나갈 것"을 당부하였다. 주한미군 철수문제가 지속적으로 거론될 때, 김영삼과 김종필 총재는 주한미군철수 반대 입장인 반면, 김대중 총재는 주한미군 감축은 안전장치 마련과 병행되어야 한다는 입장이었다. 일부 운동권 학생들이 요구하는 미군철수나 전술핵무기철거 또는 군비축소 등은 국가안보문제로 성급히 다룰 수 있는 성질의 것이 아님을 지적하였다.

정부가 학생들이 제시한 체육대회개최문제를 수용하여 북한 측에 제안했지만 거부하였고, 이산가족 문제도 10차에 걸쳐 남북적십자회담을 가졌으나 북한 측이 일방적으로 중단시켰다. 올림픽 문제도 국제올림픽위원회(IOC)의 중재로 4차에 걸쳐 남북 체육회담을 가졌으나, 공동개최를 두고 양측의 주장이 엇갈려 무산되었다.

노태우 대통령의 「7.7 선언」

학생들을 포함한 국민의 통일의지가 크게 부각되면서, 노태우 대통령은 1988년 7월 7일 '민족자존과 통일번영을 위한 특별선언(「7.7 선언」)을 발표하였다. 자주, 평화, 민족의 통일 3원칙을 확립하고, 평화통일의 과도기로서 남북연합을 설정했다. 남·북 동포와 해외동포들의 남북 자유왕래와 문호개방, 이산가족 생사확인과 상호방문 적극추진, 남·북 간 교역, 비군사물자에 대한 남한 우방국의 북한 교역, 남·북 간의 대결외교 종결과 협력외교, 북한의 미국 일본과 관계개선, 남한의 소련 중국과 관계개선에 대한 남북협력 등이 골자였다.

그 후 남북 간 교역을 위한 '대북경제개방 조치'를 취했고, 1988년 12월에 강영훈 총리가 '남북고위당국자회담'을 제안하였다. 1989년에는 통일원장관을 위원장으로 하는 '남북교류협력추진위원회'를 설치하였으며, 6월에는 '남북교류협력에 관한 기본지침'을 세웠다. 그리하여 1989년 7월 21일에는 '남북교류협력 세부시행지침'을 제정하였고, 1989년 말에는 국회와 사전협의를 거쳐 3,000억 원 규모의 남북협력기금을 조성하는 방침을 확정하였다.

「한민족공동체 통일방안」

노태우 대통령은 1989년 9월 11일 국회에서 「한민족공동체 통일방안」을 발표하였다. 경쟁과 대결의 관계를 청산하고, 화해와 교류·협력시대를 열어 나가자고 하였다. 「한민족공동체 통일방안」에는 "40여 년간 깊은 불신과 오랜 대결, 그리고 적대관계를 그대로 두고 하루아침에 통일될 수는 없다"고 하였다. 동족이란 낭만적인 감상이 실생활 속의 어려움을 해결해 주는 것은 아니다. 인내성을 가지고 대화, 교류, 협력, 개방 등을 통하여 민족사회의 동질성을 회복하고 신뢰를 쌓아가야 함을 강조하였다.

노태우 대통령은 통일원칙으로 자주·평화·민주를 제시하고, 통일국가의 미래상으로는 자유·인권·행복이 보장되는 민주국가를 건설하는 것이라고 했다. 통일이 될 때까지 남북관계를 이끌어 갈 수 있는 통일헌법을 제정하고, 통일헌법에 따라 총선거를 실시하며, 통일국회와 통일정부를 구성하여 통일 민주공화국을 수립한다는 내용이었다.

제6공화국 출범과 함께 노태우 정권의 '북방정책'은 활발하게 추진되고 있었고 가시적인 성과가 나타나고 있었다. 정주영 현대그룹 명예회장은 북한의 조국평화통일위원회(조평통) 위원장 허담의 초청으로 북한에서 금강산공동개발합의의정서를 체결(1989.1.24)하였고, 시베리아 경제개발계획에 남북 공동참여방안과 합작 투자회사설립에 대해서도 합의하였다.

남한학생들의 통일에 대한 열망을 의식한 북한의 김일성은 1989년 1월 1일 신년사에서 '남·북 정치협상회의'를 제안하였고, 남한의 4당 총재 및 김수환 추기경, 문익환 목사, 그리고 백기완 선생에게 초청서한을 보냈다. 그 후 방북행렬이 이어졌다. 전국 민족민주운동연합(전민련)고문 문익환 목사의 방북(89.3.25)사건, 한국민족예술인총연합 대변인 황석영의 방북(89.4.23)사건, 그리고 1988년 평민당 서경원 의원의 방북 사실이 알려져 충격적이었다.

북한의 조선학생위원회는 평양에서 열리는 제13차 세계청년학생축전(1989.7.1~8)에 전대협대표를 공식 초청하였고, 정부는 6월 6일에 전대협의 평양축전 '참가불허'를 발표하였다. 그러나 전대협의장 임종석(한양대총학생회장)은 한국외국어대 임수경(불어 4)양이 평양축전에 참가하기 위해 방북(1989. 6. 29)하였음을 발표하였다. 북한의 조선중앙TV가 임수경에게 붙인 호칭은 '통일의 꽃'이었다. 임수경은 북한조선학생위원회와 '남북청년학생 공동선언문'을 채택했다.

천주교정의구현사제단은 가톨릭신자인 임수경의 안전귀국을 위해 문규현 신부를 파견하였고, 두 사람은 1989년 8월 15일 군사분계선을 걸어서 넘어왔을 때 국가보안법 위반 잠입탈출과 고무찬양 등의 혐의로 수감되었다. 전대협의장도 국가보안법 위반혐의로 구속되었다.

분단 40여 년 간 역대 정부는 북한에 대한 정보를 독점하면서 반공정신만을 강요해왔다. 통일문제는 일반 국민에게는 먼 거리에 있는 영역의 문제였다. 이에 학생들은 '북한을 바로알기' 위하여 직접대화를 시도했고, 적대감에서 벗어나 동족이라는 인식을 가지도록 하기위하여 한라에서 백두까지 국토순례 대행진을 추진하였다. 학생통일운동은 무엇보다도 통일문제를 공론화하였고, 국민 모두가 통일방안을 놓고 연방제 통일안, 흡수통일안, 한민족공동체 통일안 등에 대하여 다각적으로 구상하며 생각하게 만들었다. 심지어는 정부차원에서 '통일비용'에 대비해 새로운 방안을 마련하게 되었고, 국민전체(학생, 정치권, 종교단체, 문화예술단체, 대중)와 정부가 모두 통일문제에 대해 구체적인 관심을 더 갖게 되었다.

3. 학생운동과 「88 서울올림픽」

「88 서울올림픽」이 개최되기 2년여 전에 「86 아시안게임」이 한국에서는 처음으로 열렸다. 학생들을 포함해서 온 국민은 큰 자긍심을 느끼는 해였다. 그러나 「86 아시안게임」을 준비하는 과정에서 도시정비와 서울 도심의 재개발사업으로 많은 철거민이 발생하였다. 학생운동권 진영에서는 남북 공동개최와 직선제개헌, 노동자의 기본생활권 보장 등을 주장하며 학생민주화운동과 연계시켜 많은 시위를 하였다.

「86 아시안게임」에 아시아의 27개국에서 3,420 명의 선수가 참가했다. 그 때 83개의 아시아 신기록과, 3개의 세계신기록이 수립되었다. 우리나라는 금메달 93개, 은메달 55개, 동메달 76개로 중국(금메달 94개)에 이어 2위를 차지했다. 3위는 일본(금메달 58개)이었다. 이때 '체력은 국력'이란 슬로건이 나왔으며 스포츠강국으로 가는 길목에 있었다. 「86 아시안게임」에서 유도, 태권도, 여자 사이클, 여자 사격 등 4종목이 처음으로 치러졌다. 한국국민의 저력은 어려울 때 나라를 위하여 국민 각자가 해야 할 일을 스스로 알아서 실천하는데 있다고 생각해보았다.

「88 서울올림픽」(1988. 9. 17~10. 2)을 목전에 두고 대학가는 온통 '분단 올림픽 결사반대' 플래카드가 펄럭였다. 전국대학생대표자협의회(전대협, NL계열)는 「88 서울올림픽」을 영구분단을 획책하려는 미국과 그에 예속된 군사독재정권의 음모라고 규정했다. 이때 전대협은 북한의 대남 선전조직인 한국민족민주전선(한민전)의 배후조종을 받고 있는 것으로 밝혀졌다. 반미운동 주사파계열은 8월 9월에도 '단독올림픽 결사반대' '공동올림픽 쟁취'등을 부르짖으며, 「88 서울올림픽」개최 하루 전까지도

서울대 아크로광장에 천여 명이 모여 '매국적 단독 올림픽 규탄대회'를 열었다.

민중민주(PD)계열 학생들은 반미투쟁보다는 민중생존권 수호가 더 중요하다고 여겼기 때문에 철거민 동조시위와 노점상철거투쟁을 지원하였다. "허울 좋은「86 아시안게임」과「88 서울올림픽」이 없는 사람 다 죽인다"는 구호를 함께 외치며 시위에 가담하였다. 이때 학생운동권 진영은 '소련팀을 응원하라'고 했고, 소련과 미국의 농구시합 준 결승전 때 학생들은 소련국기를 흔들며 소련팀을 열심히 응원하였다고 한다. 이 게임에서 예상을 뒤엎고 소련이 미국을 82:76으로 이겼다. 한국인의 열광적인 소련팀 응원은 세계 언론에 크게 보도되었다. 소련은「88 서울올림픽」기간 동안 북한의 대남 선전이나 도발행위를 원치 않았다고 한다.

국제올림픽위원회(IOC)는 올림픽종목 중 북한 배정문제를 놓고 협의하기 위하여 4차에 걸친 남·북한 체육 회담을 열었지만 성사되지 못했다. 남한은 몇 개의 종목을 북한에 배분하려한 반면에 북한은 전체종목의 3분의 1의 경기를 북한에서 개최할 것을 요구했다. 북한은 IOC 중제 안을 거부하고, 1988년 1월 올림픽경기에 불참할 것을 선언했다. 국제축구연맹(FIFA)은「88 서울올림픽」축구예선에서 북한을 제외시키기로 결정하였다. 1987년 4월 1일자『중앙일보』보도에 의하면 "FIFA는 북한이 말레이시아와 태국과의 올림픽축구 지역 예선전에 출전하지 않았기 때문에 결국 북한을 제외시키기로 결정하였다"고 했다.

「88 서울올림픽」을 앞두고 우리사회의 정서는 어떠했을까? 세계의 대축제에 참석하는 소련과 중국, 그리고 모든 사회주의 국가들에게 한국의 발전된 국가위상을 알리며 동서가 한 자리에 모이는 계기로 삼고 싶었다. 1980년 모스크바올림픽 때는 소련의 아프가니스탄 침공(1979.12.27)에 대한 반감으로 미국을 비롯한 서구진영이 불참하였고, 1984년 미국 로스앤젤레스 올림픽에는 동구권이 보이콧했다. 그러니 「88 서울올림픽」은 12년 만에 열리는 동서화합의 장이 된 것이다.

대한민국을 선전할 절호의 기회가 온 것이었다. 특히 소련과 동구권에 한 발짝 다가설 수 있는 기회가 왔고, 철의장막이 걷히었기에 관심과 호기심 또한 컸다. 우리국민은 문화인으로서 좋은 인상을 주고 싶었다. 작은 예로 동사무소에서 아파트반상회 때 돌린 팸플릿에는 아파트 베란다에 옷을 널지 말고, 화분을 놓아달라고 당부하였고, 교통체증을 막기 위해 공공교통편을 이용해 줄 것을 권유하였다. 공원이나 유원지 등에서 휴지 버리지 않기 캠페인을 벌였다.

「88 서울올림픽」 대회휘장은 삼 태극문양, 대회마스코트는 상모를 쓴 아기호랑이 호도리(Hodori)였다. 「88 서울올림픽」 공식주제가는 '손에 손잡고(Hand in Hand)'였다. 세계 230여 개 나라가운데 유일한 분단국인 남·북한, '손에 손잡고'를 우렁차게 불렀지만 우리는 북한 동포의 손은 잡지 못했다. 「88 서울올림픽」개회식에서 부른 노래 '손에 손잡고'는 이탈리아의 작곡가 조르조 모르더(Giorgio Moroder), 미국의 작사가 톰 윗록(Tom Whitlock), 한국의 작사가 김문환에 의해 탄생하였다. '손에 손잡고'의 내용이다.

하늘 높이 솟는 불 / 우리들 가슴 고동치게 하네

See the fire in the sky/ We feel the beating of our hearts together

이제 모두 다 일어나 / 영원히 함께 살아가야할 길 나서자

This is our time to rise above/ We know the chance is here to live

Forever for all time

손에 손잡고 벽을 넘어서 / 우리 사는 세상 더욱 살기 좋도록

Hand in hand we stand all across the land

We can make this world a better place in which to live

손에 손잡고 벽을 넘어서 / 서로 서로 사랑하는 한 마음 되자

Hand in hand we can start to understand

Breaking down the walls that come between us for all time

손잡고 / Arirang

어디서나 언제나 / 우리의 가슴 불타게 하자

Everytime we give it all / We feel the flame eternally inside us

하늘 향해 팔 벌려 / 고요한 아침 밝혀주는 평화 누리자

Lift our hands up to the sky

The morning calm helps us to live in harmony for all time.

「88 서울올림픽」은 1988년 9월 17일 부터 10월 2일까지 16일동안 대한민국 서울에서 개최된 제24회 하계올림픽이다. '화합과 전진'을 모토로 한 서울올림픽은 IOC회원국 대부분인 160개국에서 8,391명(남 6,197명, 여 2,194명)의 선수가 참가한 역대 최대규모였다.

「88 서울올림픽」에서 우리나라는 27종목 263경기중에서 소련, 동독, 미국에 이어 금메달 12개를 획득하여 세계 4위를 기록하였다. 이어서 10월 15일부터는 「88 서울장애자올림픽」이 10월 24일까지 열렸는데, 세계 65개국 선수 4,361명이 참가하여 경합을 벌였다.

대한민국은 외국인들에게 어떤 이미지로 비쳤을까? 북한의 선전에서 주장하는 미국의 예속 국가로 수탈당하고 있는 한국, 아니면 NL 주사파가 미국제국주의 식민지라고 외쳐대는 대한민국의 경제적 실상을 보고

어떤 충격을 받았을까? 세계 정보화시대, TV 등을 통하여 세계 각국의 안방에서 볼 수 있는 한국사회의 발전된 모습에 놀랐을 것이다.

우리나라는「88 서울올림픽」을 계기로 헝가리(1989. 2), 폴란드(1989. 11), 유고슬라비아(1989. 12) 등의 동구권 국가들과 수교를 맺었고, 1990년에는 체코슬로바키아, 불가리아, 루마니아와도 국교가 수립되었다. 소련은「88 서울올림픽」을 앞두고 소련 외무부 영사단이 내한하여 구상서(口上書)를 교환함으로써 양국 간에 새로운 관계를 수립했다. 구상서는 상대국에 대한 의사를 구두로 전하는 대신, 글로 적어서 전하는 외교문서 형식의 한 가지이다. 소련은「88 서울올림픽」을 전후하여 23일간 KAL기가 소련 영공을 통과할 수 있게 하였고, 1989년 4월에 한·소 양국 간에 무역대표부를 교환 설치하였다. 서울과 모스크바에 영사관 개설(1988. 11. 26)에 합의했으며, 1990년 2월과 3월에 각 영사관이 개설되었다. 1990년 미국 샌프란시스코에서 열린 정상회담에서 노태우 대통령과 소련의 고르바초프 서기장은 양국간의 국교정상화에 합의하였다.

지나친 확대해석일까?「88 서울올림픽」의 '손에손잡고'를 통해 동서화합의 장을 이루었고, 한국의 민주화와 자유화의 물결은 소련을 비롯한 동구권으로 번져나갔다. 냉전의 종식은「88 서울올림픽」과 무관하지 않다. 그런 의미에서 대한민국은 세계평화에도 공헌했다고 볼 수 있다.

4. 연세대 총(여)학생회장단 출범

1988년 3월, 연세대는 총학생회장 선거와 동시에 민주화 실현의 일환으로 총여학생회회장도 함께 선출하였다. 25대 총학생회 회장에는 정명수(천문대기과, 85)가, 첫 번째 총여학생회회장에는 이은희(철학, 85)가 선출되었다. 연세대학교는 1946년 우리나라에서 최초로 남녀공학을 실시한 대학이다. 총여학생회 발족은 자못 늦은 감도 있지만, 그러기에 더 알찬계획으로 힘찬 출발을 할 수 있었다. 다음은 새로 선출된 총학생회회장단의 '취임식 초대장'의 내용 중에서 몇 줄 뽑았다.

> 한반도의 역사적 격동의 소용돌이 속에서 유난히 모두를 움츠리게 하였던 겨울이 다 가고 새봄의 발소리가 우리의 가슴을 설레이게 하고 있습니다. 그동안 저희 총학생회가 저희들의 미숙함과 경솔함으로 인하여 많은 잘못과 실수를 저질러 왔음을 엎드려 사죄하오며, 그러함에도 불구하고 언제나 깊은 애정과 관심으로 함께하여 주셨음에 다시 한번 감사드립니다.
> 이제 그간의 많은 잘못된 모습을 극복하고 진정 올바른 총학생회와 연세인의 긍지를 세워나가기를 열망하는 1988년의 제25대 총학생회가 지난 3월 22, 23일의 회장선거를 통하여 그 첫 걸음마를 시작하고자 합니다. 이러한 시기에 저희들이 절박하게 바라는 것이 있다면, 그것은 미숙한 저희들이 항상 올바른 길을 갈 수 있도록 스승님께서 사랑과 질책으로 저희를 이끌어 주심이라고 믿습니다.
> (「처장님께 드립니다」, 연세대총학생회, 1988.3.25)

연세대 최초의 총여학생회 발족

연세대 총여학생회는 1988년 3월에 정식으로 출범하였다. 지난해에 준비 위원회를 발족(1987.11.18)하여, 단대 여학생부장 및 여학생대표자(이은희)를 중심으로 5,000여 명 여학우들을 위한 총여학생회를 조직하였다. 사회구조적 모순 속에서 파생되는 여성문제에 대한 올바른 인식과 해결방안을 모색하고, 남녀공학에서 남성위주의 교육제도와 문화, 그리고 취업기회 불평등을 고쳐나가며, 후생복지문제를 해결하기 위하여 서울지역 15만 여학우들의 공동체를 발족한다는 취지를 밝혔다.

총여학생회는 팸플릿 「연세의 딸 그대는 어둠을 사르는 불꽃이어라」를 발간하였다. 주요계획으로는 동계수련회, 연합학술제, 심포지엄, 영화비평, 주제토론, 강연회, 여성문화행사 개최, 그리고 방학 중에도 여성학 공개세미나를 가질 계획이며, 후생복지를 위하여 여학생 취업현황파악과 올바른 대처방안을 모색할 것이라고 발표하였다. 총여학생회는 '서울지역 여학생대표자 협의회'와 사회여성운동단체가 연대하여 사업을 수행하기로 했다. 사회의 모순을 안고 있는 기층 민중여성지원을 위하여 여성노동자, 농촌여성, 도시빈민들과 함께 지원투쟁을 할 계획이라고 밝혔다.

한국여성운동의 시원은 이태영(1914~1998) 박사로부터 출발한다. 이태영 박사는 한국최초의 여성법조인이며 인권 및 여권운동가로서 1956년에 여성법률사무소(현재 가정 법률사무소)를 창설했다. 1983년에 여성의 사회참여와 복지증진을 위한 여성문제전담기구인 「한국여성 개발원」과 「여성정책 심의위원회」가 신설되었다. 「여성평우회」를 신설하여 직장과 학교에서 일어나는 성추행 등의 방지를 위한 '여성의 전화'를 개설하였다. 1986년 후반부터 군사정권의 부도덕성과 인권유린의 실태를 폭로하면서 여성인권문제를 폭넓게 논의하는 계기가 되었다. 1987년 3월에는 서울지역에 한국여성노동자회가 발족하였고, 그 후 조직결성이 전국으로 확산되었다. 1987년 민주화운동 때 한국교회여성연합회 주최로 직격최루탄에 숨진 연세대 이한열 군의 애도 및 최루탄 추방기도회를 열었으며, 전국최루탄 추방대회때는 전국 여성운동단체들이 앞장섰다.

1988년「88 서울올림픽」을 앞두고 일본인들이 한국을 기생관광지로 여기는 경향이 있었다. 이에 대응하여 교회여성연합회와 이화여대 학생들은 국제공항에서 '기생관광 반대시위'를 하였다. 이때 일본군위안부 문제가 공론화되었다. 일부 여자대학교 교수들은 1970년대부터 '군위안부' 문제를 사회적 공론으로 부각시키는데 선구적 역할을 했다.

1988년에는 여성·아동·청소년·노인문제를 중점으로 다루는 정무 제2장관실이 신설되었다. 1989년 3월에는 남녀고용법 평등개정운동을 전개하여 3월에 임시국회를 통과하였다. 1989년에는 이혼여성의 재산분할청구권 인정문제 등이 쟁점으로 떠오르게 하였다.

5.「연·고대 4·19」 행사와「연 · 고전」(AKARAKA · YPSILANTI)

1988년「연·고대 4·19」행사에 연대생과 고대생은 '4월의 마음으로 통일의 함성으로'란 주제로 4월 14일 연세대 대강당에서「4·19 혁명」기념예배로 시작하여, 다음날은 단대별 '진달래 노래제'란 합창경연대회를 노천극장에서 열고, 민중문화운동연합으로 풍물, 노래, 춤 등을 펼쳤다. 4월 18일 오전에는 고려대 운동장에서「4·19 혁명」기념 통일마라톤 대회를 열고, 오후에는 연대무악극장에서 민중·민생권 수호를 위한 강연 및 비디오 상영, 그리고 4월 19일에는 혁명 28주년 기념식을 가졌다.

1988년 「무악대동제」의 슬로건은 '보라! 통일연세여! 솟구치는 천지를 부딪치는 백록을!'이었다. 1988년 5월 10일에는 연세대 도서관 앞에서 '5월 투쟁 성토식 및 조국의 자주적 평화통일을 위한 특별위원회' 발족식이 있었다. 그리고 광주참사 진상규명과 책임자 처벌을 위한 특별위원회 보고, 평화행진과 화형식, 그리고 노천극장에서 길놀이, 노래극과 뒤풀이 등의 대동문화제 행사를 가졌다. 백양로 따라 장터를 개설하고, 각종 사진전과 전시회, 노천극장에서 응원단 공연, 노동자·학생 한마당이 있었다. 그리고 토요일 마지막 날은 연세대창립 103주년 기념식과 더불어 총학생회가 주관하는 '민족·민중해방 투쟁사 가장행렬'이 백양로에서 신촌로터리까지 이어졌다.

1988년 5월 14일에는 마라톤대회를, 16일에는 청년학도 광주순례가 광주 망월동묘지에서 출발하여 이한열 묘지 참배를 한 후, 금남로를 거쳐 17일 서울에 도착했다. 이한열 군의 추모자료집, 「한열아! 부활하라!」에는 "한열이의 명복을 비는 유일한 가장 훌륭한 조의는 투쟁이요, 조국의 해방이요, 민주화입니다"란 내용이 적혀있어서 연세학우들의 가슴을 또 다시 뜨겁게 하였다.

전(全) 대학인의 함성 「연 · 고전」

「연·고전」의 기원은 1925년 5월 30일, 일본치하에 연희전문학교(연세대)와 보성전문학교(고려대)의 정구시합(제5회 전조선 정구대회)을 그 시작으로 본다. 일제강점기시대의 「연·고전」은 민족제전이었다. 당시 「연·고전」은 양 대학뿐만 아니라 서울시민의 축제였다. 이만섭 전 국회의장에 의하면 그때는 선수들끼리 충돌하는 일도 드물었고, 서로 추켜 세워주고, 응원단장은 상대학교의 응원을 지휘하기도 했다고 한다. 이만섭 의장은 연세대 정외과 출신으로 1956년에 연세대 응원단장을 하였는데, '털보응원단장'으로 유명했다고 한다. 지금과 같은 경기는 1945년 12월에 열린 「연·고전」축구와 농구시합이었다. 1957년에 축구, 농구, 야구, 럭비에 아이스하키가 추가되었으며, 1965년부터 지금의 형태로 2일에 걸쳐 경기를 펼쳐왔다.

1984년, 전두환 정권은 「연·고전」후 연합시위로 번질 위험성을 고려하여 하루에 동시다발적으로 5경기를 각기 다른 장소에서 치르게 함으로써 학생들을 분산하게끔 하였다. 「연·고전」은 서울운동장, 장충체육관, 동대문야구장, 동대문 스케이트장에서 해 왔는데, 1985년부터 일부 경기를 잠실 올림픽주경기장으로 옮겨왔다. 미상불 학생운동지도부의 움직임은 경기종료 후 시위 가능성을 내비치기도 했다. 1984년도 「연·고전」때 연세대 총학생회장 송영길은 인사말 중에서 "민족의 수난기 속에서 민족의지의 분출구역할을 담당했던 「연·고전」은 이제 단순히 두 대학만의 자족적 행사가 아니라 민족의 위기상황에 대응하는 전대학인의 분노와 함성이 수렴되는 장이 되어야 할 것"이라고 강조했다. 연세대 응원가는 '아카라카'이고, 고려대 응원가는 '입실렌티'이다. 신촌 독수리들과 안암 호랑이들은 승패와는 무관하게 모두 「민주연세, 민족고대여!」를 외치며 젊음을 발산하였다.

연대 · 고대 함께 부르는 구호

참된 조국의 해방을 위하여!

참된 민주의 새날을 이루어내기 위하여!

비상하라, 민주연세여! 포효하라, 민족고대여!
조국의 희망찬 새날을 위한 투쟁에
진군의 함성으로 하나가 되자!

1986년「연·고전」팸플릿 제목은 '민족혼을 가슴에 안고 포효하라 호랑이여! 비상하라 독수리여!'였다. 필자는「연·고전」격려사에서 "진리와 자유의 터전에서 빛나는 한 세기 역사를 마무리하고 2세기를 향한 첫 발을 내디딘 연세인 여러분! '86정기전'을 맞이하여 젊음과 이상 그리고 낭만이 조화를 이룬 한마당을 펼치게 된 것을 무척 기쁘게 생각합니다"라고 격려를 했다.

1987년「연·고전」때 연세대총학생회장 우상호는 "…조국의 자주화, 민주화를 위해 싸우다 쓰러져간 우리의 친구, 우리의 동지 이한열 학우의 뜻을 이어받아 고대생과 연대생이 하나 되는 구국의 장을 이룩하자"고 했다. 1988년「정기 연·고제」는「통일염원 44년 민족해방제」가 공식명칭이었다. 연세대 총학생회장 정명수는 1988년에 남북통일문제가 크게 대두되자 '민주연세'를 '통일연세'로 바꾸었다. 슬로건은 '통일연세여! 민족고대여! 애국의 열정으로, 청년의 패기로, 격파하라 분단을! 물리쳐라 독재를!'이었다.

6. 1980년대 학생민주화운동

한국의 민주화는 여러 가지 요소가 복합적으로 작용하여 이루어졌다. 그 중에서도 대학생들의 끊임없는 민주화열기가 오늘날 대한민국의 민주화에 대단히 중요한 역할을 했다고 생각한다. 1960년 「4·19 학생운동」이 민주화를 위한 시작이었다면, 1987년 6월 학생이 주도한 민주화운동으로 그 결실을 보게 되었다.

1980년대 학생민주화운동은 '서울의 봄'을 시작으로 하여 「5·18 광주민주화운동」을 거치며 좌절과 패배를 겪었다. 이는 1980년대를 관류하는 민주화운동의 자극제요 원동력으로 작용했다. 전두환 군부가 정권을 완전히 장악하자 학생운동진영은 민주화운동의 침체기를 맞는다. 그간 군부독재의 탄압을 피해 패밀리(Family)와 포 시스템(Po-System) 형태의 지하서클로 활동하던 학생들은 총학생회를 조직하면서부터 각 대학별로는 물론 전국대학 투쟁연합체를 빠른 속도로 결성해 나갔다.

1984년에는 민주화투쟁 전국학생연합을 결성하였고, 1985년 4월과 5월에는 전국학생 총연합 민족통일·민주쟁취·민중해방을 위한 투쟁위원회(전학련 삼민투위)를 발족시켰다. 급진학생운동권의 통합을 이룬 것이다. 그러다가 삼민투위 소속 학생들의 서울미문화원 점거농성을 거치면서 전국대학 삼민투위 핵심간부들의 대대적인 구속으로 조직은 해체되었다. 1986년에 서울대를 중심으로 하여 강력한 학생운동조직인 민민투(PD계열)와 자민투(NL계열)가 결성되었다. 이러한 학생민주화운동의 정파는 이념과 투쟁노선에서 무엇을 우선순위에 둘 것인가를 두고 분열되었다. 이러한 노선분열은 개헌정국에 반목과 혼란을 빚기도 했다.

그러나 1987년 「6월 민주항쟁」때는 정파를 뛰어넘어 모든 민주화투쟁은 학생세력, 재야세력, 야권세력, 종교세력, 시민세력(중산층, 넥타이부대) 할 것 없이 전 민주세력의 단일대오인 민주헌법쟁취국민운동본부의 지휘아래 뭉쳐졌다. 그리하여 대장정의 결실로 「6·29 선언」을 이루었다. 곧 이어 학생운동진영은 전국학생대표자협의회(전대협)를 출범시키고,

국가보안법철폐, 주한미군철수, 평화협정체결, 그리고 연방제통일안을 주장하였다. 이때부터 1989년까지 통일운동을 추진하였다.

1987년 7월에서 9월 사이에 노동운동의 대 투쟁기가 시작되었다. 「6·29 선언」으로 드디어 사회의 안정기가 시작되는가 하는 때에 노동운동이 폭발적으로 일어났다. 학생노동운동의 시발은 1970년 청계피복노조 운동가 전태일의 분신사건으로 올라가지만, 1980년대만 조명해 보면 전학련 삼민투위와 민민투 계열이 노동운동을 공개적 투쟁조직으로 강력하게 밀고나갈 때 부터이다.

학생노동운동에는 1980년대 초, 학생운동 출신 노동운동가(학출)들의 활약이 컸다. 학출들은 노동현장에 위장 취업하여 야학운동으로 노동자들의 의식교육을 해왔다. 1980년대 초중반, 공장밀집지역인 경인지역에는 학출들이 4천 명 정도 있었을 것으로 추산했다. 1987년에 노동운동의 대 투쟁기에 민주노조는 확실하게 뿌리를 내렸다. 노학연대는 노동자정치세력(서노련·인노련 등) 형성에 근간이 되었고, 그 결과 노동세력의 정치적 진출을 가속화했다. 1988년 11월13일, 연세대 노천극장에서 5만 명의 전국노동자대회가 열렸고, 노동악법개정을 요구하였다. 1989년 3월에는 임시국회에서 노동법개정안이 통과되었다. 이러한 과정에서 노동운동세력은 「민중의 당(1988.11.20)」, 「민중당(1990.11.10)」 그리고 「민주노동당」으로 정치적 기반을 구축해갔다.

1980년대 학생운동의 특징으로 꼽히는 반외세운동은 민족주의적인 측면에서 통일운동을 촉발시켰다. 운동권학생들은 반미운동을 통일운동과 결부시켰다. 분단 후 40여 년 동안 통일문제를 개인이나 단체가 공론화하거나 접근하기 어려운 영역이었다. 그러한 통일문제를 전대협은 민주화쟁취를 이뤄낸 자신감으로 과감하게 들고 나왔다. 그로인해 우리국민 모두는 심각하게 통일문제에 관심을 갖게 되었다. 거시적 안목에서 보면 이는 민족통일의 밑거름이 될 수도 있을 것이다.

「1987년 민주화체제」를 세운지 4반세기가 되었다. 1980년대 민주화운동의 핵심세력이었던 '386세대'는 이제 우리나라를 이끌어가는 주도세력이 되었다. 불의에 타협하지 않고 자기 희생을 감수하며 군부독재정권에 맞서 민주화를 이룩한 세대이다. 무한 국제경쟁시대에 우리나라를 이끌어가는 참신한 지도그룹으로써 견인차 역할을 해주길 바란다. 이러한 국민의 기대와 희망이 크기에 '386세대'를 바라보는 감회가 더욱 깊다.

1980년대 학생민주화운동의 한 복판에서 그들의 고통과 아픔을 보아온 학생처장으로써, 소수의 종북주의 정치인과 추종세력 때문에 백만 학도들이 이룩해 놓은 민주화업적을 폄훼하게 되지는 않을까 염려될 때가 있다. 아직까지도 맹목적인 종북추종으로 인해 건설적인 민족공동체 형성에 오히려 역기능을 하고 있기 때문이다. 1980년대 민주변혁 세력은 「6·29 선언」과 소련을 비롯한 동구사회주의의 몰락으로 한때 혼란에 빠지기도 하였다. 일부는 뉴 라이트로 전향하였고, 대부분은 제도 정치권으로 진입했다. 젊었을 때 갈고닦은 기량과 기백과 정의감으로 이 나라를 맑고 밝게 이끌어 가주기를 바란다.

결론적으로 대한민국이 2차 세계대전 후 식민지에서 독립하거나 새로 탄생한 85개국 가운데 유일하게 산업화와 민주화를 동시에 이룩한 점에 대하여 우리는 자부심을 가질 만하다. 오늘의 한국이 있기까지에는 지난날 우리국민 모두의 땀과 눈물과 피의 희생이 있었다. 그 중에서도 1980년대 학생들의 민주화운동세력은 4반세기가 넘게 지속되어온 군부독재의 종식과 더불어 직선제 개헌을 통한 정치민주화, 경제민주화, 그리고 민족통일문제를 실천에 옮겨보려고 몸부림쳤다는 점에서 삼두마차(三頭馬車)를 채찍질한 마부들이었다고 생각해 본다.

7. 학생처장 임기를 마치며

지방에 계시는 부모님은 필자의 학생처장 임기가 끝날 때까지 편히 주무시지 못하였다고 하셨다. 일간지에 헤드라인을 차지하는 극렬시위 장면과 기사, 그리고 TV뉴스에 단골로 등장하는 학생들의 교내외에서의 시위를 지켜보셨기 때문이다. 필자가 학생처장 임기를 끝마쳤을 때 부모님께서 저에게 "사랑하는 큰아들에게: 지난 4년간 그 험난한 세파에서도 학생들의 존경과 신망을 받게 된 너를 무한히 자랑스럽게 생각한다"라는 서신을 보내주셨다.

필자의 선친은 교육자였다. 그리고 필자의 세 자식들(딸, 아들 둘)도 모두 한국에서 교수로 재직하고 있다. 그러니 필자의 가정은 3대를 두고 모두 교직에 몸담고 있다. 선친의 저서『교육자는 사랑의 봉사자』에서 몇 줄 옮겨본다.

> …교육자는 사람을 좋아해야 한다. 그리고 피교육자에 대하여 관심이 깊어야 한다. 그러나 피교육자에 군림해서는 아니 되며, 동반자 또는 안내자가 되어야 한다. 가르치는 순간만은 성직자가 되어야 한다.
>
> …이러한 교육관이 확립된 교사는 태벌이나 퇴학 같은 것을 생각할 수도 없다. 오직 피교육자의 무한한 가능성을 믿고 교육을 되풀이 할 뿐이다. 일벌백계(一罰百戒)주의는 진정한 교육에서는 성립 되지 않는다. 엄벌주의는 그

릇된 길로 가는 학생의 교육을 포기하는 것이 된다. 교육은 속단이나 포기는 절대금물이다. 그들은 무한한 가능성과 가변성을 지니고 있으며, 희망찬 미래가 약속되어 있기 때문이다. 교육자는 사랑과 열정으로 가득한 봉사자여야 한다. (정근모 전남여고교장, 『교육자는 사랑의 봉사자』, p. 13)

1988년 8월 21일자로 학생처장 임기 4년을 끝마쳤을 때다. 임기를 마치는 그날, 지난 4년간 총학생회회장직을 역임했던 이성헌·송영길·정태근·우상호·정명수·이은희(여학생 총학생회장), 역대 총학생회 간부들과 필자의 손발이 되어주었던 학생처 선생님들, 전원이 한 자리에 모여 송별회를 가졌다. 참으로 험난했던, 지난 4년간 민주화운동의 격동기를 건너온 동지들이었다. 이 자리에서 사제지간이란 말 보다는 어쩌면 가시밭길을 함께한 동지라는 표현이 더 어울렸다.

역대총학생회 임원들은 필자를 '연세대 총장'으로 추대하자는 말을 하기도 했다. 물론 학생들에 의하여 총장을 선출한다는 게 말이 되지 않는다는 것을 학생들도 잘 알고 있었다. 다만 어려운 시기에 그들을 보호해주고, 연세대가 연합시위의 아지트로써 큰 탈 없이 민주화운동을 격렬히 하면서도 낙오자가 없이 모두 학업을 마칠 수 있었음에 대한 고마움의 표현일 것이다.

"처장님 때문에 우리는 별을 못 달았어요!"

학생들은 감옥에 가지 않은 것을 농담조로 "처장님 때문에 우리는 별을 못 달았어요!"했다. 학생들은 민주화운동 하다가 감옥에 가는 것을 '별을 단다'라고 했다. 학생들이 연행되어 경찰서에서 조사를 받을 때, 필자는 어떤 날은 하루에 두세 번 갈 때도 있었다. 경찰관 앞에서 필자는 학생과 함께 사과하고, 책임지고 잘 지도하겠다며 반성문을 쓴 다음, 학생들은 직접 데리고 나올 때도 있었다. 그들을 보호해 주기 위하여 온갖 노력을 다하였다.

신·구 총학생회로부터 사은 패를 여러 개 받았을 때 가슴이 뭉클하였다. 연세의 학풍은 분명코 타 대학과 좀 다른 데가 있다고 생각한다. 그것은 인화와 협동이라고 필자는 믿는다. 출구가 보이지 않는 어두운 시기, 민주화운동 절정기를 관류할 때 많은 어려움 속에서도 학교가 정상적으로 운영 될 수 있었던 데는 학생들과 진지한 대화를 할 수 있었고, 교수와 교직원들이 합심하여 일할 수 있는 분위기가 조성되었기에 가능했다고 본다.

애석하게도 학생처장 재직동안 사랑하는 제자 이한열 군을 잃었다. 모든 연세인은 지혜와 힘을 단합하여, 슬픔을 이기고 1백만이 운집한 가운데 무사히 국민장을 치렀다. 이는 연세공동체 실현을 통하여 이루어졌다. 그래서 필자는 대학의 면학분위기와 발전의 원동력은 교수 ·학생 ·동문의 인화와 협동에 있다고 믿는다.

『연세춘추』 1988년 8월 8일자에 지난 28일과 8월 1일에 역대 총학생회장들인 송영길(경영), 정태근(경제), 우상호(국문), 정명수(천문기상)는 정진위 학생처장께 사은패를 전달했다는 기사가 실렸다. 그리고 다음에 제24대 총학생회장 우상호 외 총학생회 임원일동으로부터 받은 사은패도 싣는다.

사 은 패

학생처장 정진위 교수님

교수님께서는 학생처장에 재직하시는 동안 총학생회의 발전과 연세 학생운동의 성장을 위해 쏟으신 깊은 관심과 노고에 감사를 드립니다.

1988. 7. 28
연세대학교 총학생회장
송영길 정태근 우상호

사 은 패

연세대학교 학생처
정진위 처장님

처장님께서는 연세 발전을 위하여 많은 노력을 하여 주셨으며 특히 학교와 학생간의 유대와 협력의 터전을 세워주신데 대하여 깊은 감사를 드리오며 이에 총학생회는 전 연세학부를 대표하여 사은의 뜻을 표하고자 이 사은패를 드립니다.

1988. 8. 1
연세대학교 총학생회장 정명수

사 은 패

정진위 학생처장님께

그 동안 연세대학교의 발전과 학생활동의 활성화를 위해 힘써 주신 스승님께 2만 연세인의 고마운 뜻을 모아 이 패를 드립니다.

1988. 8. 24
연세대학교 24대 총학생회장

우상호 김병규 정성원 장 운 최현경
한광수 노이준 박노선 장숙희 김배균
박진홍 우 현 박선영 유재균 이병광

8. 6월이 오면…

1997년 6월 2일,「6월 민주항쟁」10주년을 맞아『연세춘추』기자와의 인터뷰 중의 일부 내용이다.

지난 1987년 6월, 온 국민의 거국적인 민주화 열기가 가득했던 그 때, 투쟁 의지로 뭉친 학생들과 억압적인 독재정권 사이에서 어려운 역할을 했던 학생처장 정진위 교수(사회대 · 국제정치학)를 만나보았다. “교수님께서 학생처장으로 계실 때였으니 이한열 군의 죽음을 좀 더 가까이서 지켜보았을 텐데요.”

…그날(87.6.9) 오후였어요. 당시 학생처에 있었는데 도서관 쪽으로 창밖을 내다보니 한 학생이 피 흘리는 학생을 붙들고 학생회관 쪽으로 급히 오고 있더군요. 알고 보니 이한열 군이 최루탄에 맞은 것이었죠. 세브란스 병원에 옮겨진 후, 국민 모두가 이군이 회복되길 바랐지만 안타깝게도 한 달쯤 뒤에 숨을 거두었어요. 이한열 군의 죽음은 민주화를 원하는 국민이「6·29 선언」을 이끌어낸 기폭제구실을 한 큰 의미를 지닌다고 생각합니다.

“이한열 군 사망 후 상황이 어떠했는지 궁금한데요.”

…총장님 이하 전 학교가 장례준비를 했습니다. 세브란스 병원 영안실이 좁아 학생회관 1층에 영안실을 마련했습니다. 장례식장은 언더우드 동상 앞, 연세대 정문과 백양로가 한눈에 내려다보이는 곳에 차렸습니다. 그 자리가 넓지는 않았지요. 장례식 인파들이 내뿜는 열기는 아지랑이처럼 피어올라 인파들의 머리위로 낮게 뒤덮였지요. 서울 시청 앞 로제 때는 1백만에 달하는 인파가 모여 뜨거운 민주화의 열기를 보여주었고, 광주로 내려가는 도중에

고속도로 변과 그 주위 곳곳에 많은 시민들이 경의를 표하던 기억이 아직도 생생합니다.

"대개 학교당국의 입장을 대변해야 하는 학생처장과 학생들 사이에 종종 의견충돌이 있을 수 있을 터인데 당시엔 어떠했는지요?"
…당시엔 학생들과 학교당국, 보직교수 간에 호흡이 맞았던 것 같아요. 우리 학교에서는 제적이나 다른 중징계를 거의 내리지 않았습니다. 운동권학생을 제적시키라는 정부당국의 압력을 피하기 위해 병원에 위장입원을 한 일도 있었고, 좀 더 시간을 벌기 위해 며칠 간 밤새워 교무위원회 회의를 한 적도 있었고요.

"많은 사람들이 요즘 학생들을 보고 그 때와는 많이 다르다고들 하는데요."
…당시엔 모든 학생들이 민주화나 국민복지, 그리고 통일에 대한 의식이 높았지요. 국가적 차원의 문제를 놓고 며칠간 진지하게 고민하고, 해결하려는 모습이 역력했었죠.

"이한열 군이 죽은 지 10년이 지난 지금까지도 이런 저런 혼잡스러운 상황을 맞고 있는데요."
…민주화를 위해 고통 받는 사람들, 심지어 목숨을 잃은 사람도 있는데 그러한 대가를 치르고 일궈낸 민주화가 제대로 뿌리내리지 못하고 국민의 기대를 저버린 꼴이 돼버린 듯합니다. 요즘같이 어수선한 세태를 보고 있으면 어떤 한 정권의 불행이라기보다는 나라 전체의 불행이라는 생각이 들기도 하구요. 우리가 겪고 있는 시련이 진정한 민주국가로 나가기 위한 발판이 되었으면 합니다. (『연세춘추』 김지영 기자, 1997.6.2)

「6월 민주항쟁」 10주년 & 20주년

6월이 오면 「6월 민주항쟁」이 떠오른다. 1997년 6월, 10주년을 맞아 아내와 같이 연세교정 백주년기념관 옆 작은 동산, 소나무 그늘에 세워진 이한열 군의 기념비 주변을 거닐었다. 6월 초, 여름문턱인데 벌써 무더위는 30도를 오르내리고, 10년 전 「6.10 항쟁」을 상기하는 구호와 크고 작은 현수막이 백양로에 펄럭였다. 100주년 기념관 맞은 편 건물에는 '이한열이를 살려내라'는 구호와 함께 거대한 그림 현수막이 걸려있었다. 10년이란 세월의 옷을 걸친 기념비 주위에는 어디서 날아 왔는지 비둘기 몇 마리가 먹이를 찾고 있었다.

20주년인 2007년 6월에 필자는 아내와 함께 세브란스병원 방문 후, 연세대 연희관 명예교수실에 들려 편지를 체크하고 이한열 군의 기념비를 찾아가 보았다. 초여름의 열기가 시원한 그늘을 찾게 할 때다. 기념비가 세워 진 언덕 맞은 편 백양로 가로수에는 어김없이 20주년을 추모하기 위해 내건 '이한열이를 살려 내라'는 현수막이 펄럭이었다. 덧없는 세월이 흘렀어도 선배들의 정신을 이어받으려는 후배들의 마음을 읽을 수 있었다. 기념비의 하단 일부 모서리가 벌써 떨어져 나갔었다.

초여름, 신록은 짙었고, 무심코 백양로로 오가는 학생들의 발걸음은 평화롭다. 전국대학 연합시위의 아지트였던 연세교정! 연세대 백주년기념관 옆 작은 언덕에 세워진 이한열 열사의 기념비! 비록 조그만 조형물이지만 1980년대 우리나라 민주화운동의 이정표요, '386세대'가 그들의 학창시절을 담보로 하여 민주화 쟁취를 위해 투쟁했던 상징이다.

교문밖에 대기하고 있던 최루탄 발사에 화염병과 돌멩이로 맞섰던 '386세대'! 지금은 전국각지에서 나라를 위해 활동하고 있다. 그 때 총학생회 간부 중에는 다양한 국가요직들을 맡고 있기도 하다. 군사독재를 무너뜨린 대쪽 같은 정신을 아직도 품고 있을까. 총학생회간부들과 간담회를 가질 때면 필자가 가끔 그들에게 당부했던 말, '20대에 인생을 다 살려고 하지마라. 사회에 나가서 변심하지 말고, 지금 자네들이 결심한 바를, 의지를 실현시켜 보아라'를 기억하고 있을까.

아득히 생각에 잠긴다.

찾아보기 (사건 중심으로)

ㅇ

ㅈ

ㅊ

저자 약력

연세대학교 정치외교학과를 졸업하고 미국 네브라스카 대학교 대학원에서 정치학 박사학위를 받았다. 미국 캘리포니아 주립대학교와 미국 알라바마 대학교 정치학교수를 지냈다. 귀국하여 연세대학교 정치외교학과 교수로 부임하여 『연세춘추』·영자신문·교육방송(YBS) 편집인, 학생처장, 행정대학원 원장, 연세리더십센터 소장, 원주캠퍼스 부총장, 연세 21세기 계획추진위원회 위원장, 교학부총장(Provost)을 역임했다. 그 외에 한국국제정치학회 회장, 미국 남가주대학교 교환교수, 대통령자문 교육개혁위원회 위원, 전국대학 학생처장협의회 회장, 전국 대학종합평가 위원장, 전국대학 부총장협의회 회장, 호암단 호암청년상 심사위원, 연암재단 운영위원, 북한연구원 원장, 외무부·통일부 정책자문위원 등을 역임했다. 현재 아·태정책 연구원 이사, 세종연구소 연구자문위원, 21세기 한·중 교류협회 부회장, 한국학술연구원 이사, 국제문화친선협회 자문위원, 한·중 정책포럼 위원장, 중국 연변과학기술대학 명예교수, 연세대학교 명예교수로 있다.

주요 저서 및 공저

P'yŏngyang Between Peking and Moscow, North Korea's Involvement in Sino-Soviet Dispute, 1955- 1975, North Korea Today: Strategic and Domestic Issue, Korea and the United States: A Century of Cooperation, Asian Political Institutionalization, North Korea in a Regional and Global Context,
『平壤-中ソの狹間で』, 『북방 삼각관계』, 『현대국제정치사상』, 『한반도 분단의 재인식 1945–1950』, 『미국외교정책, 1890–1993』(편역), 『새로운 동북아질서와 한반도』, 『대학평가 국제비교연구 2000』, 『북한, 남북관계, 그리고 통일』 등이 있다.

Y대 학생처장이 본

1980년대 학생민주화운동

지은이 정진위

펴낸곳 연세대학교 대학출판문화원

주 소 서울시 서대문구 연세로 50

전 화 2123-3380~2

팩 스 2123-8673

ysup@yonsei.ac.kr

http://www.yonsei.ac.kr/press

등 록 1955년 10월 13일 제9-60호

인 쇄 (주)일흥피앤피

2013년 7월 12일 1판 1쇄 2014년 4월 25일 1판 3쇄

ISBN 978-89-6850-045-9 (03910)

값 13,000원